DES CRIMES ET DES DÉLITS

COMMIS A L'ÉTRANGER

ET DE LA

NÉCESSITÉ D'UNE RÉFORME A CE SUJET

dans la législation française,

AVEC UN RÉSUMÉ

DES LÉGISLATIONS ÉTRANGÈRES

ET UN APPENDICE

contenant les Projets de Loi sur la matière
et la nomenclature des Traités relatifs à l'extradition
et à la Répression de la Contrefaçon

PAR

A. VILLEFORT

Docteur en Droit, Chevalier de la Légion d'Honneur.

PARIS

LIBRAIRIE GÉNÉRALE DE JURISPRUDENCE DE COSSE.

Place Dauphine, 27.

1855

DES CRIMES ET DES DÉLITS

COMMIS A L'ÉTRANGER

ET DE LA

NÉCESSITE D'UNE RÉFORME A CE SUJET

dans la législation française,

AVEC UN RESUMÉ

DES LÉGISLATIONS ÉTRANGERES

ET UN APPENDICE

contenant les Projets de Loi sur la matière
et la nomenclature des Traites relatifs à l'extradition
et à la Repression de la Contrefaçon

PAR

A. VILLEFORT

Docteur en Droit, Chevalier de la Légion d'Honneur.

PARIS

LIBRAIRIE GÉNÉRALE DE JURISPRUDENCE DE COSSE.

Place Dauphine, 27.

1853

PARIS. IMPR. DE A. GUYOT ET SCRIBE. RUE NEUVE-DES-MATHURINS, 18.

SOMMAIRE

DE LA RÉFORME

DE LA

LÉGISLATION FRANÇAISE

relativement

AUX CRIMES ET AUX DÉLITS

COMMIS A L'ÉTRANGER.

Il existe dans notre législation criminelle une lacune
que plusieurs fois déjà on a essayé de combler; nous vou-
lons parler des dispositions du Code d'instruction criminelle qui concernent les crimes et les délits commis à l'é-
tranger. Diverses propositions émanées soit du Gouvernement (1), soit de l'initiative parlementaire (2), ont été
discutées dans les chambres législatives dans le but d'apporter aux articles 5, 6 et 7 du Code d'instruction criminelle des modifications depuis longtemps reconnues nécessaires. Il est remarquable que toutes ces propositions,

---

(1) Trois projets de lois sur la matière ont été proposés :
le premier, en 1842, à la Chambre des députés; le second, en
1843, à la Chambre des pairs; un autre, en 1852, au Corps
législatif.

(2) Proposition de M. Roger, présentée à la Chambre des
députés, en 1845.

après avoir été accueillies d'abord avec faveur, n'ont pu aboutir à la formule définitive qui devait en faire une loi. Cet insuccès peut s'expliquer par des causes de plus d'un genre. La matière est des plus délicates. Elle touche d'une part aux principes les plus élevés du droit pénal, et, d'autre part, elle soulève dans la pratique, surtout au point de vue international, des difficultés d'exécution qui commandent à plus d'un titre l'attention du législateur. Il y a donc un double intérêt à l'examiner.

I.

L'exercice de l'action publique, à l'égard d'un fait susceptible de tomber sous l'application de la loi pénale, peut être considéré sous deux aspects également importants :

Il s'agit, d'un côté, de déterminer les limites de cette action dans l'étendue du territoire. A cet égard, l'article 3 du Code Napoléon a posé un principe incontesté en déclarant que les lois de police et de sûreté obligent tous ceux qui habitent le territoire, sans distinction de nationalité. Il s'établit alors, comme on l'a dit, un contrat tacite entre le souverain qui ouvre à l'étranger l'accès du territoire et l'étranger qui vient se placer sous la juridiction de ce souverain, dont il est le sujet temporaire pour tout ce qui regarde l'ordre intérieur de l'État. A ce point de vue donc nulle difficulté. Il y a assimilation entre le régnicole et l'étranger, que celui-ci ait été admis à fixer son domicile dans le pays, qu'il y ait une simple résidence, ou même qu'il n'y soit que passagèrement.

Il s'agit, d'un autre côté, — c'est là le point qui va nous occuper, — *de préciser l'exercice de l'action publique pour les faits commis hors du territoire.* Ici se présente une suite de difficultés d'autant plus sérieuses que les objections s'adressent non seulement aux conséquences, aux applications du principe posé, mais encore au principe lui-même.

La loi pénale est-elle exclusivement territoriale en ce sens que tout fait commis hors des frontières lui échappe de plein droit, et ne peut lui être soumis tout au plus qu'à titre d'exception? ou bien, au contraire, est-ce la doctrine inverse qui est la vraie? La loi pénale peut-elle être étendue d'une manière générale hors des frontières du pays, de telle sorte que les faits déclarés punissables par la loi française le soient où qu'ils aient été commis, en France ou à l'étranger? Est-il juste, est-il convenable de généraliser ce principe dans nos lois, et d'en tirer toutes les conséquences légitimes?

Telle est la question, l'une des plus graves du droit pénal et assurément l'une des plus controversées.

Avant de l'aborder sous ses différentes faces, il est indispensable, pour la bien comprendre, de préciser l'état actuel de la législation française sur ce point.

Sous l'empire du Code d'instruction criminelle de 1808 qui nous régit aujourd'hui, le Français, agissant à l'étranger, ne peut être poursuivi d'office, par le ministère public, que pour certains crimes contre la chose publique qui sont :

1° Les crimes attentatoires à la sûreté intérieure ou extérieure de l'Etat ;

2° Les crimes de contrefaçon du sceau de l'Etat, de monnaies nationales ayant cours, de papiers nationaux, de billets de banque.

En second lieu, le Français ne peut être poursuivi pour crime commis à l'étranger contre un particulier que dans le cas où le crime a été commis contre un Français, et seulement lorsque la partie offensée a rendu plainte contre lui.

Il résulte de cette législation que, dans la plupart des cas, le Français ne peut être l'objet d'une poursuite en France pour les actes qu'il a commis à l'étranger, puisque, indépendamment des crimes contre la chose publique autres que ceux spécifiés ci-dessus et de ceux pour lesquels la partie lésée n'a pas porté plainte :

Tous les *crimes* qu'il a commis à l'étranger, contre un étranger ;

Tous les *délits* qu'il a commis à l'étranger, soit contre la chose publique française, soit contre un Français, soit contre un étranger, échappent à la répression.

Voilà pour le régnicole. Voyons maintenant l'étranger.

D'après la législation actuelle, l'étranger ne peut être poursuivi que dans un seul cas, à savoir lorsqu'il s'est rendu auteur ou complice d'un crime attentatoire à la sûreté de l'Etat, de contrefaçon du sceau de l'Etat, de monnaies nationales ayant cours, de papiers nationaux, de billets de banque.

Ainsi n'est pas susceptible d'être poursuivi l'étranger qui s'est rendu coupable, hors de France, d'un crime ou d'un délit contre la chose publique, autres que ceux spécifiés ci-dessus, ou d'un crime ou d'un délit contre un Français, quelque énorme que soit le fait ; c'est-à-dire, pour prendre deux termes extrêmes, que l'assassin, le contrefacteur restent également impunis.

Lorsqu'on a proposé de modifier cette législation dont les faits démontrent tous les jours l'insuffisance, l'extension proposée (3) a rencontré d'éminents contradicteurs. Suivant eux, les lois pénales étant territoriales avant tout, doivent être bornées dans leur action aux limites mêmes du territoire ; conséquemment la juridiction française est impuissante, et la loi française inapplicable aux faits commis en pays étranger. Loin de voir dans les articles 5, 6 et 7 du Code d'instruction criminelle une consécration du principe contraire, il n'y a qu'une exception justifiée par un intérêt immédiat de légitime défense, et qui ne fait que confirmer la règle.

La loi pénale est un statut territorial :

Ce qui le prouve, disent les partisans de cette opinion, c'est qu'elle s'occupe de punir les actions, abstraction faite des individus ; que, dans chaque pays, les crimes ont pour juges naturels les juges du lieu, que les lois de police ne suivent point, comme celles qui règlent la capacité

---

(3) L'extension la plus considérable qui ait été proposée jusqu'ici consiste à appliquer la loi française aux *délits* commis à l'étranger par un Français contre un étranger, et réciproquement par un étranger contre un Français. (Nous prenons ici le mot *délit* dans son sens général ; on verra plus loin les distinctions.)

personnelle, les Français à l'étranger ; que d'ailleurs, le législateur n'est point le vengeur de la morale universelle, mais le défenseur de l'ordre, et que l'ordre n'étant pas troublé par un crime commis hors du territoire, le pays d'origine n'a point un intérêt suffisant pour punir.

On ajoute, dans un autre ordre d'idées, qu'un gouvernement ne peut exercer au-delà des limites de son territoire aucun acte de souveraineté ; qu'en conséquence, ses lois ne pouvant commander aucune obéissance sur le sol étranger, les infractions à ces lois ne peuvent donner lieu à aucune peine.

Enfin on tire une dernière objection de la différence des pénalités dans les divers Etats.

Une remarque qui frappe tout d'abord dans cette série d'objections présentées au nom des principes, c'est que les unes, celles de la première catégorie, ne font que traiter la question par la question ; les autres n'ont rapport qu'à des difficultés d'exécution.

Au fond, toute cette argumentation, suivant nous, ne repose que sur une confusion d'idées.

De ce que la loi pénale oblige toutes les personnes qui se trouvent sur le territoire, tirer la conséquence qu'elle ne peut obliger, en dehors du territoire, les membres de la cité, et qu'elle est ainsi essentiellement territoriale ; de ce qu'elle ne peut être appliquée, quant à la peine, que sur le territoire, conclure qu'elle ne peut régir, dans une certaine mesure, les actions des citoyens pendant leur séjour à l'étranger, c'est, d'une part, lui faire dire ce qu'elle ne dit pas, et méconnaître les premières conditions du pacte qui lie le citoyen à la patrie ; c'est, d'autre part, confondre la question de principe et la question d'exécution.

Ce qui est territorial, c'est l'application possible du châtiment, renfermée dans les limites de la puissance exécutive qui s'arrête aux frontières. Mais pour arriver à justifier l'existence de la loi pénale, à concevoir sa raison d'être et son étendue, il faut remonter plus haut que le statut territorial qui, loin d'être le principe dominant en cette matière, n'est qu'une des conséquences, un des aspects du droit de punir.

Qu'est-ce donc que le droit de punir? où commence-t-il? où finit-il? quand sa mise en pratique devient-elle légitime? Là est la vraie question.

« Si l'homme peut sciemment choisir entre le bien par
« lequel il concourt à l'ordre et le mal par lequel il le
« trouble, il faut qu'il soit puni quand son choix a été
« mauvais et qu'il souffre le mal quand il a fait le mal.
« C'est la conscience humaine qui proclame cette néces-
« sité (4). »

Voilà le principe générateur du droit de punir. La loi sociale a été violée dans une de ses parties essentielles; elle demande une réparation. Qu'importe maintenant le domicile ou la qualité de l'agent coupable ?

Nous disons la loi *sociale*, et non pas seulement la loi *morale*. En effet, la société ne saurait demander compte à l'individu de toutes les infractions qu'il peut commettre

---

1) *Discours de rentrée de M. le procureur général Franck-Carré à la Cour de Paris le 9 novembre 1838.*

à la loi du devoir. Pour que la nécessité de l'action publique apparaisse, il faut que l'infraction commise non seulement demande une expiation au point de vue de l'amendement du coupable, mais encore qu'elle porte atteinte au pacte social lui-même. C'est ce mélange de justice absolue et d'intérêt social qui fait le droit de punir. En général, lorsque la loi applique la qualification de crime à tel ou tel fait déterminé, elle ne crée, elle n'invente rien, a-t-on dit avec beaucoup de raison, elle ne fait que déclarer et constater une vérité préexistante d'après les bases que lui fournissent la morale et l'intérêt social.

Ainsi, le droit de punir repose sur trois éléments :

La nécessité de l'expiation pour le coupable, de l'exemple pour les autres, de l'avantage pour tous, et la loi pénale qui en dérive est à la fois une loi de protection et une loi de répression. Ces deux termes comprennent tout et s'appliquent aussi bien au national qu'à l'étranger. Loi de protection, elle doit défendre l'ordre social et les citoyens d'un même pays sans distinguer ni le lieu de l'attaque, ni la nationalité de l'agresseur ; loi de répression, elle doit demander compte à celui de ses membres qui l'a violée, de l'infraction commise, sans s'inquiéter de la nationalité de la victime.

Telle est la théorie dans son expression absolue. Mais quelque légitime que paraisse le droit de punir ainsi considéré en lui-même, quelle que soit la tendance actuelle de toutes les législations à se simplifier, à revêtir une certaine apparence d'uniformité, même dans les lois pénales qui, plus encore que les lois civiles, s'appuient sur des principes communs à tous les peuples civilisés, il faut re-

connaitre que le droit de punir, poussé à des conséquences extrêmes dans les relations de peuple à peuple, pourrait donner lieu à de graves abus et ne serait pas toujours
à l'abri du reproche d'injustice. Il est dans l'ordre des
faits punissables des distinctions, des nuances dont il est
impossible de ne pas tenir compte de nation à nation. Tel
fait qui est crime chez nous, peut chez les autres ne constituer qu'un délit, être même innocenté. La différence
des pénalités dans les divers Etats mérite aussi d'être
prise en considération. Ce sont ces distinctions qui ren-
dent si délicate, si difficile l'application complète de la
théorie du droit de punir à l'étranger. Ici le point de vue
international prend une telle importance, qu'on peut dire
qu'il domine la question. Mais n'anticipons pas. Nous n'en
sommes encore qu'au principe.

L'opinion qui étend la loi pénale aux faits accomplis
hors du territoire est-elle nouvelle? A-t-elle pris nais-
sance au sein des idées modernes? Est-il vrai, comme on
l'a prétendu, que cette théorie soit contraire à la doctrine
professée par les anciens publicistes, par ceux du moins
qui ont fondé la science?

J'ouvre le plus illustre, Grotius, et je lis :

« Certains auteurs croient que le droit de punir est un
« effet propre de la juridiction civile (5), mais, en cela, ils
« se trompent, à mon avis. Ce ne peut être qu'en vertu

---

(5) *Civile* est ici pris dans le sens de *territoriale*. Il y a
dans le texte latin *civilis*, que Barbeyrac traduit par le mot
français correspondant, mais en y attachant le sens de *cité*.

« du droit naturel qui, depuis l'établissement même des
« sociétés civiles, subsiste encore aujourd'hui de particu-
« lier à particulier, dans les lieux où les hommes ne for-
« ment point de corps d'état, mais seulement des familles
« séparées. »

Et ailleurs : « Il faut savoir que les rois, et en général
« tous les souverains, ont droit de punir non seulement
« les injures faites à *eux ou à leurs sujets*, mais encore
« celles qui ne les regardent point en particulier, lors-
« qu'elles renferment une violation énorme du droit de la
« nature et de celui des gens, envers qui que ce soit. Je
« dis *envers qui que ce soit*, et non pas seulement envers
« leurs sujets (6). »

Ainsi Grotius reconnaît la légitimité du droit de punir même dans son application au crime commis à l'étranger au préjudice d'un étranger par un étranger (7).

Chose remarquable, Grotius a conçu ses théories au
moment où la société européenne était livrée à toutes les
horreurs d'une guerre où s'entrechoquaient avec les ar-
deurs effrénées de la conquête les passions politiques et
religieuses issues de la réforme. Contemporain de Tilly,
de Mansfeld, de Gustave-Adolphe, il a écrit un livre tout
plein de son époque. La guerre en est le fondement, son

------

(6) Grotius, *Droit de la guerre*, l. 2, ch. 20, § 40, n°ˢ 1 et 4.

(7) Cette dernière conséquence peut paraître exagérée. Cependant certaines législations n'ont pas craint de l'admettre.
Le Code pénal sarde permet dans certains cas la poursuite
contre un étranger pour crime commis à l'étranger contre un
étranger.

titre seul l'annonce : *De jure belli.* Avec ces deux mots
l'écrivain hollandais touche à tout. Mais tout en subissant
l'influence du milieu dans lequel il vit, il a le sentiment
d'un droit supérieur au droit de la force qu'il veut impo-
ser à tous ces hommes de guerre. Aussi, lorsque l'étude
de la souveraineté des nations le conduit à examiner la
formation des sociétés humaines et qu'il arrive à la loi pénale, Grotius est amené, par les conséquences même exa-
gérées qu'il attribue au droit de guerre, à formuler une
théorie de droit pénal qui, au fond, serait l'expression
de la civilisation la plus avancée, puisque son but final
serait la justice absolue. La contradiction n'est qu'appa-
rente. La guerre, telle que la comprenait Grotius, n'était
que l'instrument de la force mis au service du droit ; c'é-
tait sous une forme quelconque le pouvoir social remis,
avec toutes ses prérogatives, aux mains du plus fort avec
le droit pour guide. Certes il y avait un progrès immense
à associer l'idée de droit au fait de guerre dans un temps
où, aucun des Etats de l'Europe n'ayant encore trouvé
son assiette politique, ce fait dominait toutes les situations.
Mais il y a des réserves à faire sur la théorie de Grotius.
Lorsque Grotius, comparant l'Etat à un particulier attaqué, fait dériver la loi pénale seulement de l'idée de défense, d'intimidation ; lorsque, d'autre part, il érige le
souverain en une sorte de justicier universel, il est certain que là, comme dans d'autres parties de son livre, la
base philosophique du droit de punir lui échappe. Aussi,
en citant Grotius, nous n'avons pas entendu présenter sa
théorie comme le mot de la science : il nous suffisait d'é-
tablir qu'à une époque où le statut territorial occupait

dans les lois une place aussi importante qu'aujourd'hui, les publicistes d'alors ne songeaient pas à y subordonner la loi pénale.

Voilà plus de deux cents ans que le livre de Grotius a paru, et on discute encore aujourd'hui la question de savoir si la loi pénale est un statut territorial. Quoi ! le mouvement intellectuel, industriel et commercial qui porte les peuples les uns vers les autres et les mélange sans cesse, tend, chaque jour, par des conventions internationales, à réunir et à confondre ces voies de communication que la vapeur a multipliées, ces moyens de correspondance que la télégraphie électrique a rendus aussi rapides que l'éclair ; la propriété intellectuelle elle-même trouve de nation à nation une défense contre cette autre espèce de pirate qui s'appelle un contrefacteur, et la criminalité d'un fait serait déterminée par le poteau d'une frontière, par cette ligne idéale qui sépare deux Etats !

Voici un sentier qui sépare la France de la Belgique. Un crime est commis sur le bord de ce sentier ; la loi pénale pourrait dire qu'il y a intérêt pour la société à punir ce crime s'il est commis en deçà, mais que cet intérêt disparaît s'il est commis au-delà ? A l'heure qu'il est, cependant, un Français peut franchir la frontière, égorger un habitant du pays voisin, et revenir en France tout couvert du sang de sa victime. L'impunité lui est acquise. Nous en appelons à toutes les théories qui ont été écrites sur le droit de punir. Qu'on envisage le fait en partant d'un principe de justice absolue, qu'on le considère seulement au point de vue de l'intérêt social, de l'utile, toutes les théories du droit de punir peuvent se ramener à ces deux chefs, — y en a-t-il une seule qui puisse admettre une conséquence aussi monstrueuse ?

Laissons parler les faits, et voyons ce que peut tolérer une loi pénale qui prend pour base et pour limite le statut territorial.

Voici ce que disait M. Laplagne-Barris à la Chambre des pairs (8), dans la discussion du projet de loi de 1843 :
« J'ai eu l'honneur de remplir pendant quatre ans les
« fonctions de procureur-général dans un ressort qui em-
« brassait soixante-dix lieues de frontière. Eh bien! il
« m'est arrivé non pas dix, vingt fois, mais beaucoup
« plus souvent, de gémir des chaînes que m'imposait l'ar-
« ticle 7 du Code d'instruction criminelle ; il m'est arrivé
« souvent d'être témoin de faits qui constituaient de vé-
« ritables attentats à la morale publique, de faits qui
« étaient de nature à dégrader, à altérer la morale dans
« l'opinion du peuple, surtout de la classe inférieure,
« d'être forcé de voir des assassins, des incendiaires, des
« empoisonneurs, contre lesquels aucun magistrat fran-
« çais ne pouvait exercer le plus léger acte de poursuite,
« et qui avaient commis leur crime à quelques lieues du
« village où ils avaient établi leur domicile. Permettez-
« moi de vous citer un fait dont j'ai été témoin dans les
« derniers temps de mon exercice.

« Un Français, un monstre, habitait un village séparé
« par une ligne idéale d'un village prussien limitrophe,
« ayant jadis fait partie de la France et qui avait cessé de

---

(8) *Moniteur* du 17 mai 1843.

« lui appartenir par suite des malheurs de 1815 ; il as-
« sassina, dans le village prussien, sa sœur et son beau-
« frère, et je le laissai libre, se promenant insolemment
« dans les rues du village français, sans que personne
« osât lui adresser un reproche ; car, violent, menaçant,
« il intimidait la population. »

Nous supposions tout à l'heure un crime accompli sur la lisière même de la frontière ; allons plus loin. Ce sentier qui forme frontière est litigieux. Un crime s'accomplit dans ce sentier même : y aura-t-il crime ? Ce sera une question, puisque le fait punissable dépend du lieu où il a été commis (9).

Si, au lieu d'un crime simple, c'est-à-dire qui ne comprend qu'un fait unique ou principal, on suppose qu'il s'agisse d'un crime *complexe*, c'est-à-dire qui se compose de plusieurs faits successifs accomplis sur différents territoires, les mêmes difficultés apparaissent. Ainsi, un coup de fusil a été tiré par-dessus la ligne frontière, la victime est tombée de l'autre côté. Où le crime a-t-il été commis ?

Une diffamation a été organisée au moyen de lettres écrites en France, rendues publiques à l'étranger. Ne peut-on soutenir que le délit échappe à la loi française parce que nos lois de presse ne le font dépendre que de la publication, laquelle a eu lieu à l'étranger ?

---

(9) Ce n'est pas là une pure supposition ; le cas s'est présenté. Au mois d'avril 1847, un Français fut tué par un Suisse au moment où il traversait, pour se rendre à Bâle, un sentier situé dans la commune d'Allschwiller, et qui était depuis longtemps un objet de litige entre les habitants de cette commune et ceux de la commune de Hegenheim (Bas-Rhin).

La question s'est présentée de savoir si les Tribunaux français étaient compétents pour connaître des crimes de contrebande avec attroupement et port d'armes lorsque la tentative d'introduction a seule eu lieu sur le territoire français, et que les faits d'attroupement et de port d'armes ont eu lieu sur le territoire étranger (10).

Les commentateurs discutent encore aujourd'hui la question de savoir si l'étranger, qui a un établissement de commerce et qui a été déclaré en faillite en France, peut y être poursuivi comme banqueroutier à raison des détournements frauduleux commis par lui, *en pays étranger*, au préjudice de ses créanciers. La question n'est pas mois épineuse si la faillite a été déclarée en pays étranger et les faits de banqueroute accomplis en France.

A quoi tiennent toutes ces distinctions? Au principe territorial en matière de loi pénale. Qu'on élargisse le cercle, et toutes ces subtilités disparaissent. Il doit en être de la loi pénale comme de l'extradition : tant que les peuples ont vécu dans un état d'isolement hostile, cette dernière mesure n'a pu s'étendre ; le droit d'asile, à une certaine époque, a pu la paralyser. Aujourd'hui l'extradition est devenue une règle européenne ; mais l'extradition n'est pas suffisante pour assurer la répression, puisqu'elle ne s'applique jamais aux nationaux. L'extension de la loi pénale aux faits coupables accomplis hors du territoire par des nationaux est donc le complément nécessaire de l'extradition, et, à ce point de vue,

---

(10) Arrêt de cassation du 21 novembre 1806.

la loi pénale ainsi développée devient l'un des liens de cette solidarité morale qui unit les peuples modernes.

Hâtons-nous de le dire : la question a fait un grand pas dans ces derniers temps.

La théorie qui rejette le statut territorial de la loi pénale a triomphé à peu près partout. Appliquée déjà par notre ancienne jurisprudence (11), écrite dans notre législation intermédiaire (12), elle a été accueillie par la plupart des législations étrangères ; enfin, elle est écrite à un point de vue restreint, il est vrai, mais enfin elle est formellement écrite dans les textes de notre Code d'instruction criminelle (13).

En 1843, lorsque M. le garde des sceaux présenta à la Chambre des pairs un projet de loi destiné à modifier les articles 5, 6 et 7 du Code d'instruction criminelle dans le sens de l'extension, ce projet, élaboré depuis plusieurs années, avait été soumis aux Cours royales et aux Facultés de droit, et n'avait été repoussé que par les Cours de Colmar et de Pau et par les Facultés de Poitiers et de Strasbourg.

Enfin, de nos jours, le Conseil d'Etat et le Corps législatif ont consacré la même doctrine (14) et l'un de nos plus

---

(11) Voyez M. Faustin Hélie, *Instruction criminelle*, t. II, p. 565 et suiv.

(12) Code de brumaire an IV.

(13) Art. 5, 6 et 7.

(14) Le projet de loi adopté, le 4 juin 1852, par le Corps législatif n'a point été porté au Sénat.

savants criminalistes, M. Faustin-Hélie, s'est rangé, en partie du moins, à cette opinion (15).

Un mot encore sur un point qui se rattache à la question de principe.

Le plus grand nombre de ceux qui se sont prononcés pour l'extension de la loi pénale hors du territoire ont cherché à la justifier par cette considération que cette loi tenait au statut personnel.

Cette objection, il est vrai, se présente tout d'abord à l'esprit. Les uns justifiant leur opinion par le statut territorial ou réel, les autres devaient être naturellement amenés à répondre en opposant le statut personnel qui en est la contre-partie. Mais il nous paraît qu'on a fort improprement employé ces locutions de statut personnel et réel dans une matière pour laquelle elles n'ont jamais été faites.

Les jurisconsultes qui ont traité la matière des statuts personnel et réel ne s'en sont occupés qu'au point de vue du droit civil. Boullenois, qui les résume tous dans son savant ouvrage *De la personnalité et de la réalité des lois*, ne fait pas même allusion à la loi pénale. En effet, cette distinction des statuts ne se conçoit guère que dans le droit civil. Statut personnel et statut réel sont les deux faces d'une question qui ne peut se présenter qu'au point de vue de la distinction des biens et des personnes. L'intérêt de cette distinction consiste à savoir si l'acte fait par un citoyen est conforme aux règles de son état civil, s'il

(15) *Instruction criminelle*, 2, p. 563.

émane d'une personne ayant capacité suffisante; alors on consulte le statut personnel. Au contraire, s'agit-il d'apprécier la validité de l'acte d'après son objet et dans ses rapports avec les biens, il faut consulter le statut réel.

Est-il possible de retrouver l'utilité de cette distinction dans la loi pénale? Nullement. En effet, le raisonnement des personnes qui cherchent à justifier l'extension de la loi pénale par le motif qu'elle tient au statut personnel, peut se résumer ainsi : Le statut personnel suit le régnicole partout où il va. Or, la loi pénale est de statut personnel, donc elle suit le Français à l'étranger. Mais si tel était le principe en cette matière, il s'ensuivrait que les lois d'un pays ne pourraient, en bonne logique, atteindre l'étranger commettant un crime sur le territoire de ce pays. Car cet étranger pourrait, en invoquant son statut personnel, dessaisir la juridiction du pays lésé pour invoquer la juridiction de sa patrie. Or, personne ne consentirait à admettre une pareille conséquence.

Il faut le reconnaître, les lois pénales ne sont, de leur nature, ni personnelles, ni réelles. On ne peut donc constituer un système isolé de statut personnel qui leur serait particulier. Maintenant, si l'on veut dire que la loi pénale est une loi personnelle, en ce sens qu'elle ne s'adresse qu'à l'individualité même de l'agent coupable, rien de mieux: il est évident que rien n'est plus personnel que l'action, que rien n'est plus personnel que la peine. Mais quand on aura avancé cette proposition, on n'aura rien prouvé au point de vue de la question qui nous occupe. On n'aura fait qu'affirmer une de ces vérités élémentaires reconnues par tous.

Ce qu'il y a de vrai dans ce rapprochement du statut
personnel et de la loi pénale, c'est l'argument *à fortiori*
qu'on peut en tirer pour prouver que le citoyen reste soumis
à la loi pénale de son pays partout où il va. En effet, le
statut personnel, ainsi qu'on vient de le dire, appartient
au droit civil, c'est-à-dire à ce droit de convention auquel on peut en général déroger par une convention contraire. Il règle la capacité, l'état civil du citoyen à l'é-
tranger. Il peut défendre à ce citoyen, sous peine de per-
dre sa nationalité, d'accepter des fonctions publiques, de
prendre du service à l'étranger, et ce même homme, qui
ne peut être soldat ou magistrat, majeur ou mineur en
dehors de la loi civile de son pays, pourrait être impuné-
ment assassin ou faussaire, par cela seul qu'il aurait remis le pied sur le sol de la patrie !

La conclusion à tirer de ces observations, c'est que,
pour justifier véritablement l'extension de la loi pénale
hors du territoire, il faut évidemment recourir à des principes supérieurs à ceux du statut personnel. La théorie
qui cherche sa base et sa raison d'être dans le droit même de punir est la seule vraie, la seule suffisante. Elle
seule est assez élevée dans son principe, assez flexible
dans ses conséquences pour parer à toutes les objections.

Nous avons essayé de dégager le principe. Il reste
maintenant à en chercher les applications. En examinant
séparément la position du Français et de l'étranger, les
questions de fait, les considérations secondaires et le
point de vue international trouveront naturellement
leur place.

II.

Le Français qui a commis à l'étranger un crime ou un délit peut-il et doit-il être jugé par la loi française ?

La législation intermédiaire (Code de brumaire an IV) bornait la poursuite au cas où le délit commis par le Français à l'étranger était puni par la loi française d'une peine afflictive et infamante.

Nous connaissons le système de la législation actuelle. Le Code d'instruction criminelle s'est montré encore plus étroit que la loi de brumaire. Il a pris un certain nombre de faits parmi ceux que le Code pénal qualifie de crimes contre la chose publique, et en a fait deux catégories hors desquelles le coupable, agissant à l'étranger, n'a plus rien à craindre de la justice de son pays. Ces deux catégories comprennent les crimes contre la sûreté de l'Etat et ceux de contrefaçon des monnaies et papiers nationaux. Quant aux crimes contre les particuliers, il en subordonne la poursuite à la plainte des parties lésées.

Il suit de là que, dans la législation actuelle, les faux en écriture publique ou authentique, en écriture de commerce et de banque, en écriture privée, échappent à la répression. Or, c'est là une nature de crimes qu'il y a d'autant plus d'intérêt à punir, que le développement des relations commerciales tend chaque jour à les rendre plus fréquents.

On a vu aussi que l'agent qui a commis un crime sur le territoire étranger n'est coupable aux yeux de la loi actuelle qu'autant qu'il a la qualité de Français et que la partie lésée a la même qualité, de sorte que, par une distinction bizarre, la loi s'attache moins à punir le Français qui a commis le crime qu'à venger la nationalité de la victime. Ainsi un homme tombe, à l'étranger, sous le couteau d'un assassin : il faut vérifier la nationalité de la victime après la nationalité de l'assassin, pour savoir s'il y a lieu de punir.

Indépendamment des crimes atroces comme celui que nous avons cité, les cas les plus singuliers se sont présentés. En 1819, le général Sarrazin, poursuivi en France pour crime de bigamie à l'étranger, opposait pour sa défense que la personne qu'il avait épousée en pays étranger était étrangère, qu'elle n'était pas devenue Française par l'effet d'un mariage nul ; que, par conséquent, il n'y avait pas de crime, puisqu'il n'y avait pas de Français lésé.

En 1838, un Français accusé d'avoir commis un vol qualifié sur le territoire espagnol, répondait que la somme volée appartenait à un Espagnol ; qu'à la vérité le muletier sur lequel elle avait été prise était Français, mais que, le vol ne l'ayant pas lésé, ce fait ne tombait pas sous l'application de la loi française.

Ces moyens de défense ont été portés jusque devant la Cour de cassation elle-même. Sans doute, dans la plupart des cas, un arrêt de rejet les a repoussés, mais il n'en est pas moins vrai que cette solution a rencontré des contradicteurs, et qu'il faudrait remercier la loi qui fermerait toute voie à de pareils débats.

Citons encore un cas tout plein d'actualité et qui démontre que les délits, comme les crimes, devraient être compris dans la loi qui autoriserait la poursuite.

Les journaux rendaient compte, au mois de mai dernier, d'une plainte en adultère portée par M. le général
X... contre sa femme. Le délit d'adultère, en ce qui con-
cernait les faits accomplis en France, était couvert par
la prescription. Mais de nouveaux faits d'adultère avaient
eu lieu depuis, dans un pays voisin, de la part de l'épou-
se coupable, et échappaient cette fois à la prescription.
Le Tribunal de la Seine condamna la prévenue en se fon-
dant sur ce que : « ce n'est pas dans le lieu où se perpè-
« tre le fait matériel que se constitue le délit d'adultère;
« mais que ce délit n'a de matérialité comme d'existence
« morale pour le mari qu'au lieu où il l'apprend, qu'au
« lieu où réside le mariage ou l'être moral constitué par
« le mariage et qui est représenté par le mari. »

D'où la conséquence que le délit avait eu lieu en France, non à l'étranger, et dès lors tombait sous l'application
des lois françaises.

Cette doctrine par trop ingénieuse dans l'application
d'une loi pénale n'eut pas le même succès devant une
juridiction supérieure. Sur l'appel de la femme, la Cour
impériale de Paris réforma le jugement par ce motif con-
cluant que l'art. 7 du Code d'instruction criminelle n'autorise en France que la répression du crime commis à
l'étranger contre un Français. Quant aux délits, il n'en est
pas question : de quel droit pouvait-on créer un délit particulier en considérant comme indivisibles et comme éléments d'un même délit les faits distincts qui avaient été
commis à Paris en 1851 et ceux qui l'avaient été à l'étranger dans les années postérieures ?

La Cour de cassation a été de cet avis, puisqu'elle vient

de rejeter le pourvoi formé par le ministère public contre
l'arrêt de la Cour de Paris (16). Sans doute, l'arrêt de la
Cour suprême est, en droit, à l'abri de toute critique;
mais que dire d'une loi qui, en consacrant l'impunité,
tolère de pareilles atteintes à la morale publique, ou qui,
pour échapper à ce reproche, oblige les tribunaux à de
tels efforts d'imagination?

L'extension de la loi pénale aux délits commis par le
Français à l'étranger n'aurait pas seulement pour résultat
de faire cesser de pareils scandales, elle donnerait de plus
au ministère public la possibilité de poursuivre une foule
de délits ruraux et forestiers qui s'accomplissent sur la
lisière de nos frontières, et qui motivent de fréquentes ré-
clamations de la part des Etats limitrophes. Sous ce
rapport, la loi à faire aurait une utilité internationale fort
à considérer.

Observons encore qu'elle serait une nouvelle protection
donnée à la propriété littéraire et artistique contre la
contrefaçon à l'étranger. Ce point de vue ne nous
paraît pas à dédaigner. En effet, la disposition de la
loi qui permettrait de poursuivre les délits serait d'une
utilité évidente en ce qui touche les pays avec lesquels
nous n'avons pas de traité contre la contrefaçon. Suppo-
sez un Français contrefaisant à l'étranger un livre français. Fort peu de législations permettent de poursuivre
l'étranger en pareil cas (nous ne connaissons guère que la
loi saxonne qui contienne une disposition à ce sujet).

---

(16) V. le compte-rendu de l'affaire dans la *Gazette des Tribunaux* des 20 mai et 14 septembre 1855.

Quant aux pays avec lesquels nous avons des traités, il faut remarquer, d'une part, que ces traités ne s'appliquent pas à la contrefaçon industrielle, et, d'autre part, que, même dans les cas où ils deviennent applicables, la garantie qu'ils offrent doit se mesurer d'après les législations respectives des deux pays contractants (17).

Cependant cette extension de la loi pénale aux délits a été une des dispositions les plus critiquées. On dit que si l'application de la loi aux crimes se comprend parce que ces faits compromettent toujours à un haut degré les lois de la morale et du droit des gens, ces raisons n'existent plus pour les délits; que si l'on range les délits dans la même catégorie que les crimes, on crée une source intarissable de plaintes et d'actions, une cause permanente de conflits avec les législations étrangères. Ces motifs auraient peut-être quelque fondement si la poursuite était obligatoire; mais toutes les objections disparaissent si, d'une part, la poursuite est facultative pour le ministère public, et si, d'autre part, cette poursuite, pour les délits

----

(17) Ceci nous amène à constater une singulière anomalie. On sait que jusque dans ces derniers temps la législation française tolérait la contrefaçon des ouvrages étrangers non publiés en France. Le décret du 28 mars 1852 a réformé cet état de choses en punissant comme un délit, et cela sans condition de réciprocité, la contrefaçon, sur le territoire français, des ouvrages publiés à l'étranger. Il résulte de ce décret comparé à notre législation pénale ordinaire que le Français qui contrefait, en France, l'ouvrage d'un étranger, devient passible d'une peine, tandis que le Français qui va à l'étranger contrefaire l'ouvrage d'un de ses compatriotes jouit de l'impunité.

comme pour les crimes, au moins en ce qui concerne ceux commis contre les particuliers, est subordonnée au retour de l'inculpé en France.

Quant aux conflits possibles avec les législations étrangères, cette crainte n'est pas moins chimérique. Et d'abord, il va de soi que l'inculpé ne devrait pas être inquiété s'il avait été déjà jugé hors de France pour le même fait. Ensuite, le gouvernement étranger ne désire qu'une chose, la punition du Français qui est venu commettre une agression sur son territoire. Quel intérêt aurait-il à élever un conflit sans raison en présence de ce principe admis par le droit des gens qu'aucun État n'est tenu à livrer ses nationaux? Loin de redouter l'inconvénient signalé, les puissances étrangères, celles qui nous avoisinent surtout, ne peuvent que désirer le changement d'une législation qui multiplie chaque jour les délits ruraux sur les frontières ; et si les rapports de bon voisinage pouvaient être troublés à un moment donné, ce serait bien plutôt par l'état de choses actuel que par son changement.

« Nous avons reconnu, disait M. Vernier dans son rap
« port (18) au Corps législatif sur le projet de loi présenté
« en 1852, qu'en dehors même de l'opinion doctrinale à
« laquelle nous nous sommes rangés (l'extension de la loi
« aux crimes et aux délits commis à l'étranger), les évé
« nements regrettables qui s'accomplissent trop souvent
« à nos frontières rendaient indispensable l'extension pro
« posée. Les documents diplomatiques en assez grand
« nombre, qui nous ont été communiqués, nous ont ap

---

(18) *Moniteur* du 4 juin 1852.

« pris que trop fréquemment nos nationaux franchissent
« la frontière, se livrent chez nos voisins aux actes les
« plus répréhensibles contre les personnes ou les proprié-
« tés, et viennent ensuite, par un prompt retour en
« France, s'abriter sous le silence de notre loi pénale. »

Les deux projets de lois présentés aux chambres, l'un
en 1843 et l'autre en 1852, sur les modifications à introduire dans la législation française au sujet des crimes
et des délits commis par des Français à l'étranger, diffé-
raient assez notablement.

D'après le projet présenté par le Gouvernement en
1843 à la Chambre des pairs, le ministère public était au-
torisé à poursuivre le Français qui s'était rendu coupable
à l'étranger d'un crime ou d'un délit commis *contre un
Français*. Il en était de même du *crime* commis *contre
un étranger*.

Quant aux *délits* commis à l'étranger par un *Français
contre un étranger*, ce projet limitait la poursuite aux cas
qui seraient déterminés par des conventions diplomatiques.

La commission de la Chambre des pairs n'allait pas
aussi loin. Elle demandait la conclusion de conventions
diplomatiques aussi bien pour les crimes que pour les
délits commis contre les étrangers.

Le projet de 1852 ne faisait, lui, aucune distinction entre les crimes et les délits commis soit contre un Français,
soit contre un étranger, et disposait que, dans tous les
cas où le délit serait prévu et puni par la loi française, le
Français pourrait être poursuivi.

Ces distinctions sont en effet purement arbitraires. La
loi pénale, loi de protection et de répression qui suit le
Français à l'étranger, ne saurait les comporter. Tout Français, tant qu'il n'a pas perdu cette qualité, est censé connaître la loi de son pays, s'être soumis à ses exigences.
Lorsqu'il invoque à l'étranger le nom de la France,
lorsqu'il peut réclamer la protection de nos agents diplomatiques et consulaires, il doit savoir qu'à côté de ce
droit il y a des devoirs et que le premier de ces devoirs
est de respecter la loi de son pays. En règle, c'est l'inten-
tion du délinquant qui constitue le fait coupable, non la
qualité de la personne contre laquelle il a été commis. Il
semble donc qu'il n'y a pas lieu de distinguer entre les
crimes et les délits.

Quant à la convenance de conclure des conventions
diplomatiques, il serait difficile de la justifier, du moins
comme règle d'où dériverait le droit de poursuite. Lorsqu'à
la Chambre des pairs, en 1843, on demandait à M. le garde-
des-sceaux pourquoi un traité lui paraissait utile relative-
ment aux délits, tandis qu'il ne le serait pas pour un
crime, M. le garde-des-sceaux n'en donnait qu'une raison
fort peu concluante, à savoir que les délits n'affectent pas
au même degré la morale publique, ne compromettent pas
la société au même degré que les crimes. Ce raisonnement, qui ne manque pas d'une certaine force quand on
parle des délits commis par des étrangers contre des
Français, est fort contestable quand on l'applique aux délits commis par des nationaux. Que devient-il quand on
peut lui opposer des exemples comme le délit d'adultère
dont il a été question plus haut ?

Y avait-il plus de raison pour admettre le système de la Commission?

Dans le but de justifier la nécessité des conventions diplomatiques, la Commission faisait valoir le motif qu'il fallait obtenir les renseignements nécessaires à l'instruction du crime en France. A quoi l'on répondait qu'il ne fallait pas confondre le principe même de la poursuite avec les moyens d'instruction et d'exécution; que s'il y avait lieu de subordonner la poursuite à des conventions diplomatiques au cas de crime commis par un Français contre un étranger, on devait, à plus forte raison, en faire autant pour les crimes commis contre un Français. En effet, dans le premier cas, le pays étranger serait beaucoup plus disposé, la victime étant un de ses nationaux, à fournir les renseignements nécessaires, tandis que les obstacles étaient beaucoup plus à redouter lorsque le crime aurait été commis contre un Français. Cependant la Commission n'allait pas jusque-là, et avec raison. On ne pouvait, sans violer tous les principes, subordonner la poursuite de crimes commis par un Français contre un Français à la conclusion éventuelle de conventions diplomatiques, car c'eût été, en définitive, remettre la décision de la question au bon plaisir du gouvernement étranger. Au surplus, si des difficultés d'exécution, que nous ne songeons pas à nier, existent, principalement en ce qui touche la comparution des témoins soit à charge, soit à décharge, rien n'empêche de négocier des conventions diplomatiques dans le but de les aplanir. Le traité de 1828 avec la Suisse, plusieurs de nos traités d'extradition offrent l'exemple de pareilles stipulations.

Mais la dignité de la France ne permet pas que le principe de la poursuite contre un Français soit subordonné
à des traités.

« On se préoccupe beaucoup des difficultés d'exécution,
« disait à la Chambre des pairs M. Laplagne-Barris, elles
« sont rares; la facilité d'exécution est le droit commun,
« la chose ordinaire. »

On fait encore au système absolu de poursuite contre
le Français inculpé de crime commis à l'étranger une objection qui se rattache, par une certaine conformité d'i-
dées, aux distinctions que nous combattions tout à l'heure. On dit que la poursuite peut encore se comprendre
quand le fait est puni par la législation étrangère, mais
qu'elle n'a plus de raison d'être quand ce fait n'est passible d'aucune peine dans cette législation. Par suite, on
arrive à dire qu'il faut également tenir compte de la différence des pénalités, et qu'au cas où cette différence exis-
terait, il y a lieu d'appliquer la peine la plus douce. Ce
système, présenté avec beaucoup d'art par M. Barthe,
obtint un succès partiel à la Chambre des pairs. La Chambre, après avoir rejeté le principe de l'atténuation de la
peine basée sur la différence des législations, adopta un
amendement ainsi conçu :

« Dans le cas où la peine capitale serait prononcée par
« la loi française pour le crime commis à l'étranger, la
« peine la plus grave après cette peine sera appliquée, si
« la peine capitale n'est pas prononcée par la loi du pays
« où le crime a été commis. »

C'est là une hypothèse dont il serait probablement impossible de trouver une application en comparant la légis-

lation française à celle des autres pays; mais en présence d'une éventualité aussi terrible, on comprend que la noble Chambre ait pu se montrer inconséquente.

A ce point de vue comme à l'égard des conventions diplomatiques, il n'y a pas de distinctions à faire, parce que la poursuite est faite en vertu de la loi française, non de la loi étrangère. Quant aux conséquences graves qui pourraient en résulter, le caractère facultatif de la poursuite, et au-dessus d'elle le droit de grâce, sont là pour apporter les tempéraments à une application trop rigoureuse de la loi.

D'autres points accessoires se rattachent au droit de poursuite tel que nous l'avons exposé. En premier lieu la chose jugée. Le Français jugé à l'étranger pourra-t-il l'être de nouveau en France? La négative nous paraît hors de doute. Bien que, rigoureusement, la maxime *non bis in idem* ne reçoive son application que quand il s'agit des Tribunaux du même pays, il y aurait des inconvénients de toute sorte à remettre en question le jugement prononcé à l'étranger. Les législations étrangères sont à peu près unanimes d'ailleurs pour abandonner la poursuite en pareil cas. Le sentiment de l'équité, celui de la réciprocité commandent donc une décision analogue de notre part.

Il en est autrement de la prescription de l'action pénale. L'inculpé, étant poursuivi d'après la loi française, ne peut invoquer la prescription que d'après cette même loi.

Quant au droit de citation directe (19) dont les abus ont été

---

(19) Le droit de citation directe est la faculté donnée à toute personne qui se prétend lésée par un délit, d'appeler sans

si souvent signalés dans notre législation, il y a ici moins
de raison que jamais pour l'admettre. D'ailleurs, le caractère facultatif de la poursuite que nous avons admis est
par lui-même exclusif du droit de citation directe.

Enfin, quel sera le Tribunal compétent pour juger ?
L'article 24 du Code d'instruction criminelle contient à cet
égard une règle toute faite. Ce sera le Tribunal du lieu où
résidera le prévenu, ou celui du lieu où il pourra être
trouvé, ou, enfin, celui de sa dernière résidence connue.
Le projet de loi de 1852 y ajoutait la faculté pour la Cour
de cassation, sur la demande des parties ou du ministère
public, de renvoyer la connaissance de l'affaire devant
une Cour ou un Tribunal plus voisin du crime ou du délit.

III.

Pour compléter le point de vue international, il reste à
faire connaître les législations des pays étrangers. Presque tous les Etats de l'Europe ont fait subir, il y a peu
d'années, à leurs lois criminelles, des modifications plus
ou moins profondes. En résumant le plus succinctement
possible les législations étrangères sur les principaux
points en discussion, on arrive au résultat suivant :

1° Sur la question de savoir si le national peut être

---

avertissement, brusquement, devant un Tribunal jugeant au
criminel, celui dont elle croit avoir à se plaindre. Art. 64 et 182
du Code d'instruction criminelle.

poursuivi *pour crimes commis à l'étranger contre l'Etat auquel il appartient,* l'affirmative est adoptée par toutes les législations européennes (20).

2° *Pour les crimes commis à l'étranger par un national contre un national,* le droit de poursuivre est, en principe, sauf les restrictions accessoires mentionnées ci-après, admis d'une manière absolue par les lois des Etats suivants :

> Deux-Siciles (21) ;
> Sardaigne (22) ;
> Portugal (23);

---

(20) Cependant, nous ne connaissons pas de disposition à ce sujet dans la loi anglaise.

(21) Lois de procédure pénale des Deux-Siciles promulguées en 1819, articles 6 et 7, modifiées et complétées par les décrets des 27 août 1829, 22 décembre 1834 et 14 octobre 1845, qui règlent la compétence et la procédure. L'article 7 des lois pénales de 1819 disposait que, en cas de diversité de peines entre les deux pays, la peine la plus douce devrait être appliquée. Le décret du 22 décembre 1834 l'a modifié ainsi : Les peines établies par les lois du royaume pourront, suivant les circonstances, être diminuées d'un degré lorsqu'il s'agit de crimes commis à l'étranger qu'il faille juger dans le royaume. M. Nicolini, l'un des rédacteurs des lois pénales des Deux-Siciles, ajoute dans son commentaire sur ces lois, que si un fait qualifié crime dans un des deux territoires ne l'est pas dans l'autre, il n'y a pas lieu à poursuivre.

(22) Code pénal de Sardaigne de 1859, articles 5, 6 et 10. Code d'instruction criminelle, art. 30, 31 et 32. En cas de différence de peine entre les deux pays, la peine peut être abaissée d'un degré suivant les circonstances.

(23) Nouveau Code pénal de Portugal du 10 décembre 1852, art. 27, n°ˢ 2 et 4. Loi sur le procès des absents, du 10 février 1847, art. 10.

Belgique (24) ;

Pays-Bas (25) ;

Autriche (26) ;

Bavière (27) ;

Saxe-Royale (28) ;

Saxe-Weimar (29) ;

Saxe-Altenbourg (30) ;

Oldenbourg (31) ;

Hesse Grand'Ducale (32) ;

Hesse Electorale (33);

---

(24) Loi sur les crimes et délits commis à l'étranger, du 30 décembre 1836. Loi du 20 décembre 1852 sur la répression des offenses envers les chefs des gouvernements étrangers.

(25) Code d'instruction criminelle de 1838, articles 8, 9 et 10. Le Code d'instruction criminelle français est resté en vigueur dans les Pays-Bas jusqu'en 1838. A cette époque, un nouveau Code d'instruction criminelle a été publié.

(26) Code pénal d'Autriche de 1806, paragraphes 36, 58, 106. Un Code de procédure criminelle a été promulgué en Autriche le 29 juillet 1853.

(27) Edit du 16 mai 1813, articles 3 et 4. Code pénal de 1813 (procédure), art. 30.

(28) Code pénal de Saxe de 1838, art. 2.

(29) Code pénal de 1839, art. 2.

(30) Code pénal de 1841, art. 2.

(31) Code pénal de 1814, art. 501.

(32) Code pénal de 1841, art. 4. D'après cet article aucune peine n'est prononcée si le fait n'est point prévu par les lois du lieu de la perpétration ou si le condamné a été gracié dans le pays étranger. Si le Code étranger prononce une peine plus douce que le Code hessois, la peine doit être appliquée dans la même proportion.

(33) Jurisprudence de la Cour suprême de justice à Cassel. V. Fœlix. *Traité de droit international*, n° 568 (deuxième édition).

Russie (34);

Norvège (35).

Le Wurtemberg n'accorde la poursuite qu'à la condition de la réciprocité, et avec la diminution proportionnelle de la peine, si elle est moindre à l'étranger (36).

Le Grand-Duché de Bade la subordonne à la plainte des parties lésées, si cette plainte est exigée dans le lieu du crime (37).

Le Hanôvre la refuse *lorsque le crime a été commis à l'étranger, par un Hanovrien contre un autre Hanovrien,* si la loi du pays où a eu lieu le fait ne le punit pas. Cette distinction est au moins singulière (38).

---

(34) Code pénal russe, articles 179, 180 et 181. Le Code russe admet l'abaissement proportionnel de la peine pour le condamné, lorsque la peine est moindre dans le lieu de la perpétration. Pour les crimes commis en Turquie et en Perse, le sujet russe est soumis au jugement de l'ambassadeur de son pays, tant que la peine édictée ne dépasse pas l'emprisonnement. Au-delà, il est renvoyé en Russie pour être jugé.

(35) Loi pénale de Norvége du 20 août 1842, chap. 1, §§ 1 et 4.

(36) Code pénal de Wurtemberg de 1839, art. 3 et 5.

(37) Code pénal de Bade, § 4. Mais cette condition cesse si le fait a été dirigé contre l'Etat de Bade ou contre une personne habitant le Grand-Duché. Les distinctions qui se trouvent dans le Code pénal de Bade sont remarquables. C'est ainsi encore que le Code pénal de Bade n'admet l'abaissement de la peine, ou même l'absence complète de poursuite parallèlement à la loi étrangère, qu'autant que le fait coupable a été dirigé contre un étranger. S'il l'a été contre l'Etat de Bade ou contre un habitant du Grand-Duché, la loi Badoise reprend son omnipotence.

(38) Code pénal de Hanovre de 1840, art. 2, et Fœlix, n°

La Prusse, dans son nouveau Code pénal, pose en principe que les crimes et les délits commis en pays étranger ne sont pas poursuivis ni punis en Prusse, et ajoute immédiatement qu'on *pourra* néanmoins poursuivre tout Prussien qui aura commis, en pays étranger, un acte qui, d'après les lois prussiennes, est punissable comme crime ou délit et qui, en même temps, est passible d'une peine criminelle, d'après les lois du lieu où il a été commis (39).

La loi suédoise, différente de la loi norvégienne, n'autorise la poursuite que lorsque le crime a été commis dans une des communes russes limitrophes de la Suède (40).

La loi anglaise, elle-même, quoi qu'on en ait dit, admet que les Anglais peuvent être poursuivis en Angleterre pour le crime de meurtre commis hors du royaume (41).

---

566. La Constitution du duché de Brunswick (art. 205), ne permet la poursuite qu'autant que le droit criminel commun allemand a édicté des poursuites contre le même fait. V. Fœlix, n° 565.

(39) Code pénal prussien du 14 avril 1851, § 4.

(40) Ordonnance royale du 29 mai 1852. Par une disposition spéciale, le Suédois peut encore être poursuivi lorsqu'il a fait le trafic des esclaves ou qu'il y a participé. Ordonnances royales des 7 janvier et 1er mars 1830.

(41) An IX. Georges IV, ch. 31, VII (27 juin 1828). L'opinion généralement répandue est que la loi anglaise ne s'applique pas aux faits commis à l'étranger. V. entre autres Fœlix, n° 571. Pour éviter toute équivoque, voici le texte même de la loi anglaise : *And be it enacted, that if any of his majesty's subjects shall be charged in England with any murder or manslaughter, or with being accessory before the fact to any murder, or after the fact to any murder or manslaughter, the same being respectively committed on land out*

La loi des Etats-Romains est la plus bizarre. Elle n'admet la poursuite que dans un seul cas, à savoir : lorsqu'un sujet pontifical a commis un vol hors du territoire et y rentre avec les objets volés (42).

L'Espagne ni le Danemark ne figurent dans cette nomenclature. Le nouveau Code pénal espagnol, promulgué le 9 mars 1848, ne contient pas de disposition sur les crimes commis à l'étranger. Il en est de même de la législation danoise (43). Mais on professe généralement dans les écoles du pays que le Danois qui aurait commis un crime à l'étranger et qui se serait soustrait par la fuite aux poursuites de la justice locale, devrait, sur la réclamation du gouvernement étranger, et en cas de preuves suffisantes, être frappé d'une peine arbitrée par les Tribunaux danois d'après celle du pays lésé (44).

3° *Si le crime a été commis à l'étranger par un national contre un étranger*, toutes les législations qui précè-

---

of the united kingdom, wether within the King's dominions or without, it shall be lawful for any justice of the peace of the county or place where the person so charged shall be, and to take cognizance of the offence so charged and to proceed therein as if the same had been committed within the limits of his ordinary jurisdiction.

(42) Règlement organique de procédure criminelle des Etats Romains du 5 novembre 1831, art. 82.

(43) Il faut cependant mentionner l'ordonnance royale du 26 avril 1825 sur la piraterie dans les Indes-Occidentales, qui condamne à la potence le sujet danois qui a servi sur un navire pirate ou même *tenté d'aider* à la piraterie, et une ancienne ordonnance relative aux délits de presse dirigés, hors du territoire, contre le gouvernement.

(44) V. les Recueils de MM. Ussing et Bornemann.

dent, sauf celles des Deux-Siciles et du Portugal, admettent également le droit de poursuite. Il faut aussi ajouter
à la série des lois qui font des restrictions, la loi belge, qui
exige, dans ce dernier cas, la plainte préalable des parties intéressées ou l'avis officiel donné par l'autorité étrangère (45), et la loi néerlandaise, qui borne la poursuite aux
faits d'assassinat, d'incendie, de vol avec circonstances
aggravantes et de faux en écriture de commerce (46).
Quant à la législation anglaise, le texte que nous avons
cité à la note 41 ne paraît faire aucune distinction touchant
la nationalité de la victime.

4° Enfin, sur le dernier point : *le national peut-
il être poursuivi pour délit commis à l'étranger?*
l'affirmative est adoptée sans distinction par les lois
d'Autriche, de Bavière, de Saxe et d'Oldenbourg. Parmi les lois des autres pays qui contiennent quelques
dispositions sur ce point, les unes n'admettent la
poursuite qu'au cas où le délit a été commis au préjudice d'un compatriote, comme la loi néerlandaise, ou lorsqu'il y a réciprocité, comme les lois sarde et wurtembergeoise (47). D'autres spécifient la nature du délit. Ainsi la
loi belge n'admet la poursuite que dans le cas où l'extra-

------

(45) Loi du 30 décembre 1836, art. 2.
(46) Code d'instruction criminelle néerlandais, art. 9.
(47) La loi wurtembergeoise descend jusqu'aux contraven-
tions. Si le délit a été commis au préjudice d'un compatriote,
la loi sarde exige la plainte de la partie lésée. V. Code pénal
de Sardaigne, article 6, et Code pénal wurtembergeois, article 3.

dition peut avoir lieu, et l'escroquerie est le seul délit qui puisse la motiver.

La Prusse, le Hanôvre, Bade et les deux Hesses accordent aussi la poursuite, mais avec les distinctions que nous avons déjà signalées en parlant des crimes.

Ces distinctions, on le voit, n'empêchent pas que le principe de la poursuite du délit commis à l'étranger n'ait été accueilli par la plupart des législations étrangères. Au reste, la distinction des faits punissables en crimes et délits n'existe pas dans tous les Codes, et cette différence de classification rend la comparaison plus difficile à établir au point de vue des délits.

Ajoutons, pour terminer sur ce point, que les législations étrangères qui admettent le droit de poursuite le subordonnent, au moins pour les délits contre les particuliers, au retour de l'inculpé dans son pays et reconnaissent pour la plupart comme Tribunal compétent celui du lieu où l'arrestation s'est effectuée.

Il résulte de ce qui précède, que la France est peut-être la seule puissance dont la législation pénale est restée assez stationnaire pour laisser l'impunité s'étendre aux faits criminels de la nature de ceux qu'on a fait connaître.

Or, il n'y a que deux moyens de sortir de cet état de choses.

L'extradition ou l'extension de la compétence criminelle hors du territoire.

L'extradition, telle qu'on la pratique aujourd'hui, oppose une fin de non-recevoir insurmontable. Elle ne s'étend pas aux nationaux, et, de plus, elle ne comprend pas les délits comme pouvant y donner lieu ; il faut donc ou con-

sentir à l'extradition des nationaux, c'est-à-dire à les remettre au pays où le délit a été commis, ou les punir soi-
même. Cette conséquence est si vraie et les résultats dé-
plorables qui découlent de la législation actuelle avaient
été si bien sentis, que, sous le règne de l'Empereur Napoléon Iᵉʳ, un décret, du 23 octobre 1811, avait décidé
que les Français pourraient être extradés pour crimes
commis à l'étranger. Ce décret n'a jamais été exécuté,
que nous sachions, et, en tous cas, on le considère aujourd'hui comme abrogé. Personne aujourd'hui, ce semble, ne songerait à le faire revivre. Le voulût-on, il n'est
pas probable qu'on pût faire adopter par les autres pays
cette nouvelle jurisprudence en matière d'extradition. Mais
son existence à une époque postérieure au Code d'instruction criminelle prouve d'une manière évidente que, dès
cette époque, la lacune de la loi pénale avait été re-
connue.

Reste donc l'extension de la compétence. Pourquoi la
refuserait-on quand tout se réunit pour la demander, au
moins en ce qui concerne le Français? Au point de vue
des principes, elle est légitime; au point de vue des relations internationales, elle n'aurait que des avantages,
tandis que le maintien de la législation actuelle ne présente que des inconvénients.

IV.

La partie la plus délicate du sujet est incontestablement
celle qui concerne le délit commis à l'étranger par l'étranger contre des nationaux.

L'étranger peut-il devenir justiciable des Tribunaux
français pour tout cas de crime ou de délit commis contre
la loi française à l'étranger?

Une semblable extension peut-elle être admise?

Sur ce point, comme sur les précédents, l'affirmative
n'a rien de contraire aux principes généraux que nous
avons posés sur le droit de punir. La loi pénale retrouve
également ici l'application de ses deux termes de répression et de protection. Elle frappe le Français pour le crime ou le délit commis hors de la France contre l'étranger;
conséquemment, elle peut frapper l'étranger qui a lésé
l'Etat français ou l'un de ses nationaux.

Mais comment la juridiction française sera-t-elle saisie?
Ira-t-elle chercher l'étranger hors de la frontière, au fond
de son pays? Demandera-t-elle son extradition? Ni l'un
ni l'autre de ces deux moyens ne saurait être adopté, car
l'un serait la violation du droit des gens, et l'autre échoue-
rait devant l'usage admis que le national ne peut être livré
par son gouvernement.

Le coupable qui reste au delà de notre frontière ne peut
donc être jugé par la loi française; mais lorsque ce criminel vient sur le territoire même de l'Etat qu'il a attaqué
ou dont il a violé les lois dans la personne d'un de ses
nationaux, la loi pénale rentre alors dans sa plénitude. Le
meurtrier ou le voleur est censé s'être soumis à la loi du
pays dans lequel il pénètre et avoir renoncé à la protection de sa loi d'origine.

Ainsi, la première condition pour que l'étranger accusé
d'un crime commis à l'étranger soit poursuivi en France
est qu'il soit arrêté sur le sol. C'est là un point reconnu

par les législations qui ont poussé le plus loin l'extension de la compétence criminelle en ce qui concerne les étrangers (48).

Mais si le droit de punir existe vis-à-vis de l'étranger placé dans cette situation, la mise en pratique de ce droit n'est pas sans difficulté, et c'est surtout sur ce point que les convenances internationales doivent exercer une influence sérieuse.

L'intérêt, l'utilité d'une disposition qui déclare la loi pénale française applicable à l'étranger pour un crime com-

---

(48) C'était sous cette condition aussi que la législation intermédiaire du 3 brumaire an IV déclarait, dans son article 12, justiciables des Tribunaux français, les étrangers qui contrefont, altèrent ou falsifient les monnaies ou papiers monnaies de France, ou qui émettent hors du territoire français des monnaies ou papiers contrefaits.

L'article 13 ajoutait : « A l'égard des délits de toute autre « nature, les étrangers qui sont prévenus de les avoir commis « hors du territoire de la République ne peuvent être jugés « ni punis en France; mais sur la preuve des poursuites faites « contre eux dans le pays où ils les ont commis, si c s délits « sont du nombre de ceux qui attentent aux personnes ou aux « propriétés, et qui, d'après les lois françaises, emportent « peine afflictive ou infamante, ils seront condamnés par les « Tribunaux correctionnels à sortir du territoire français « avec défense d'y rentrer, jusqu'à ce qu'ils se soient justifiés « devant les Tribunaux compétents... »

Ces dispositions ont été remplacées par celles du Code d'instruction criminelle qui, ainsi qu'on l'a vu, a spécifié les crimes attentatoires à la sûreté de l'État et ceux de contrefaction du sceau et des monnaies nationales, comme étant les seuls susceptibles de motiver la poursuite contre des étrangers, toujours avec la condition que l'inculpé sera arrêté en France.

mis à l'étranger sont au moins contestables dans beaucoup de cas.

Lorsqu'un Français commet un délit à l'étranger, la loi française a un double motif pour le mettre en jugement. La loi du pays a été violée, et cette violation est le fait d'un national. De plus, il y a un intérêt évident à punir, car si la loi française se tait, l'impunité est acquise au coupable, puisque, d'une part, le silence de la loi le couvre, et que, d'autre part, sa qualité de Français paralyse son extradition. Ici se trouvent réunies toutes les conditions qui font la légitimité et l'utilité de la loi pénale.

Il n'en est pas de même de l'étranger. Pour tous les crimes de droit des gens, qui portent atteinte au droit naturel, à cet ordre qui forme la base de toutes les sociétés civilisées, on peut dire que, en général, l'étranger qui se rend coupable d'un de ces crimes est puni dans le pays où le fait a été commis. Réussit-il, dans la pensée d'échapper au châtiment, à s'enfuir à l'étranger ? l'extradition le rend à son juge naturel, à celui qui a tous les moyens d'organiser la procédure, puisque le crime a été commis sur son territoire, et à qui revient surtout le droit de punir lorsque le coupable est en même temps un de ses nationaux. L'intérêt de la loi française est donc nul, ou à peu près, lorsqu'il s'agit de crimes commis contre les particuliers. Cet intérêt n'apparaît réellement que lorsque le crime est dirigé contre la sûreté de l'Etat lui-même, parce que la plupart des législations étrangères ne s'occupent pas de ces crimes en tant qu'ils sont dirigés contre les autres Etats. La nécessité de la défense est alors immédiate, évidente pour l'Etat lésé.

D'un autre côté, peut-on, sans encourir le reproche d'obéir aveuglément à la loi sauvage du talion, appliquer sans distinction la loi d'un Etat à un étranger qui a pu commettre un fait, coupable suivant la loi de cet Etat, mais déclaré innocent ou placé par la législation de son pays aux derniers degrés de l'échelle des délits? Les objections se pressent lorsqu'on aperçoit les conflits, les difficultés d'exécution, les inextricables distinctions auxquelles peut donner lieu l'application de la loi pénale à l'étranger pour des faits commis à l'étranger. Afin de mettre plus de clarté dans la discussion, nous passerons de suite à l'examen des divers systèmes qui ont été proposés. Nous y retrouverons la plupart de ces objections.

Trois systèmes principaux se présentent.

Le premier déclare d'une manière absolue justiciable des Tribunaux du pays, l'étranger qui a commis à l'étranger un crime ou un délit contre la loi de ce pays. C'est le système de quelques lois allemandes.

Un motif péremptoire doit faire rejeter cette doctrine, au moins en ce qui concerne la France. Des conventions d'extradition nous lient avec la plupart des Etats européens, et le but des gouvernements qui les ont conclues est de se faire livrer leurs nationaux pour crimes commis sur leurs territoires sans distinguer la nationalité de la victime. Il pourrait donc arriver qu'un étranger ayant commis un crime contre un Français, à l'étranger, fût arrêté en France, et qu'au moment d'être jugé, son extradition fût réclamée par son gouvernement. Dans ce cas, il est clair qu'on aboutirait à un conflit qu'il est de l'intérêt de tout le monde de prévenir.

Un second système plus compliqué, et qui est peut-être le plus complet de tous ceux qui ont été présentés, propose de faire une distinction entre les crimes et les délits, de déclarer l'étranger justiciable des Tribunaux français pour tout *crime* commis contre la loi française à l'étranger. Mais, dans ce cas, pour éviter le conflit, toute poursuite devrait cesser contre l'étranger dont l'extradition serait demandée et accordée. Quant aux *délits*, on spécifierait dans des conventions diplomatiques ceux qui pourraient être réprimés.

Enfin, pour rendre hommage au principe de la chose jugée, aucune poursuite ne pourrait être exercée contre l'étranger qui aurait été jugé *définitivement* hors de France pour les mêmes faits, ou qui établirait que le fait ne constitue ni crime ni délit dans le pays où il a eu lieu (49).

Ce système, séduisant au premier abord, fait naître cependant des objections sérieuses quand on l'examine à fond au point de vue international.

Et d'abord, la clause qui affranchit de la poursuite l'étranger dont l'extradition va se réaliser, est sans doute une précaution qui peut empêcher le conflit dans beaucoup de cas, mais pare-t-elle à toutes les difficultés de ce genre ? c'est un point qui peut laisser quelques doutes. Ainsi, par exemple, il est certains Etats avec lesquels la France n'a pas de traités d'extradition ; il en est d'autres avec lesquels cette mesure est fort difficile, sinon impossible à

---

(49) C'est le système du projet de loi de 1852. Les projets de 1842 et de 1843 ne parlaient pas de l'étranger.

réaliser. Ne peut-il pas se présenter des circonstances dans lesquelles il y aurait inconvénient à accorder l'extradition, soit par un motif de réciprocité, soit par un autre, de telle sorte qu'on se trouve amené à cette situation de ne pas vouloir extrader et de ne pas punir, parce que, en raison du mauvais vouloir des autorités étrangères, l'instruction, la procédure deviennent impossibles, ou parce que, en cas de jugement prononcé, la protestation pourrait aller jusqu'à un *casus belli?* La définition du mot *crime* peut en effet s'étendre quelquefois à des cas complètement en dehors de la législation d'un autre pays. On répondra peut-être que la poursuite étant facultative pour le ministère public, toutes ces appréhensions sont chimériques, parce que, le cas échéant, on n'exécuterait pas la loi. Soit, mais c'est souvent une mauvaise loi que celle dont on peut dire qu'elle a « ses moments de trève et d'oubli, » quand surtout elle ne s'applique qu'à des crimes.

Cette occasion de conflit est-elle la seule? Sans entrer dans le champ des suppositions, il suffit de lire avec attention les différentes parties du système pour en découvrir d'autres en germe dans les dispositions qui ont précisément pour but de les prévenir et qui n'auraient probablement pour résultat que de les faire naître.

Telle est la disposition qui déclare qu'aucune poursuite ne devrait être exercée contre l'inculpé s'il prouve qu'il a été jugé *définitivement* hors de France *pour les mêmes faits.* On donne d'excellentes raisons de droit et d'équité pour expliquer cette disposition. S'il est une matière dans laquelle doive être respectée la souveraineté de la chose jugée, c'est assurément en matière criminelle. Il faut, dit-on, que le jugement soit *définitif*, c'est à dire que ce jugement ne soit susceptible d'aucun recours; qu'il ne soit pas menacé dans son existence par l'exercice possible d'un droit d'appel ou d'opposition. Nous avons une singulière tendance en France à juger des législations étrangères par la nôtre. Dans notre législation même et dans la jurisprudence qui l'applique, les questions de chose jugée présentent souvent les difficultés de solution les plus délicates, et ce n'est pas trop de notre admirable organisation judiciaire pour vider tous les conflits. Or, les Tribunaux étrangers (50) sont loin d'offrir partout les mêmes garanties; et ne voit-on pas quelle source d'appréciations difficiles, peut-être même impossibles, on crée par cette condition, — si juste d'ailleurs en elle-même, — du respect de la chose définitivement jugée à l'étranger ?

D'autre part, on stipule que la poursuite n'aura pas lieu non plus contre l'étranger s'il établit que le fait ne constitue ni crime, ni délit dans le pays où il a eu lieu. Nouvelle source de difficultés. En supposant que le fait ne constitue pas un *crime*, mais qu'il constitue un *délit*, la loi française poursuivra-t-elle ? Elle ne le pourra pas, car, suivant le système que nous examinons, la poursuite des délits est subordonnée à la conclusion éventuelle de conventions diplomatiques.

---

(50) Nous connaissons un homme qui plaide depuis vingt ans devant les Tribunaux d'un État allemand et qui a obtenu 195 jugements ou arrêts, la plupart en sa faveur, sans avoir encore épuisé le cercle des juridictions.

Il y a plus encore : la raison d'équité qui a fait admettre que l'inculpé étranger ne pourra être poursuivi s'il établit que le fait ne constitue ni crime ni délit dans le pays où il a eu lieu,cette raison d'équité devient elle-même contestable dans certains cas. En effet, pour justifier cette exception, on a considéré qu'il fallait tenir compte à l'étranger des impressions de toute sa vie, des notions qu'il a dû puiser dans la loi de son pays sur les actes punissables et ceux qui ne le sont pas. Ce motif est parfaitement vrai tant que le fait a lieu dans le pays même du coupable. Mais si cet étranger commet le fait coupable dans un pays autre que le sien, et que ce fait ne soit qualifié ni crime ni délit dans ce pays, tandis qu'il l'est dans sa patrie, il est évident que les raisons qui ont fait admettre l'exception n'ont plus de sens.

Enfin, le système, pour être complet, devrait tenir compte de la gradation des peines, lesquelles peuvent varier d'un pays à l'autre à l'égard du même fait. En effet, s'il est juste d'affranchir de toute poursuite, à raison du milieu dans lequel il a vécu, l'étranger auteur d'un fait qui,qualifié crime en France, n'a pas ce caractère ailleurs, l'équité ne commande pas moins d'avoir égard à la différence des peines édictées par les deux législations. Mais alors où s'arrêtera-t-on dans cette voie? Où sera le point de comparaison entre deux peines tout à fait dissemblables? Où sont,dans le Code pénal français, les similaires du knout, du fouet ou de la bastonnade?

Enfin, que décidera-t-on à l'égard de la prescription de l'action pénale? Observera-t-on la loi étrangère ou la loi française? Cette question n'a pas dû nous arrêter quand il s'agit du Français accusé d'un crime à l'étranger, parce que le Français est poursuivi en vertu de la loi française dont il dépend. Mais peut-on en dire autant de l'étranger ?

Toutes ces difficultés, qui ressortent du système lui-même, prouvent qu'il est toujours dangereux d'insérer dans les lois particulières d'un pays des dispositions qui touchent au droit international. Quelque précaution qu'on prenne, le conflit est toujours au bout, conflit d'autant plus sérieux qu'il n'a plus seulement pour objet des intérêts privés entre citoyens du même pays, mais des intérêts de nation à nation dont la conciliation impossible peut aboutir à une rupture ou à de fâcheuses condescendances. Nous avons eu déjà l'occasion de le faire remarquer ailleurs : la réciprocité elle-même, stipulée dans les lois de deux nations, est un principe beaucoup plus fécond en apparence qu'en réalité. Il est facile de l'écrire dans un texte, mais les difficultés deviennent le plus souvent insurmontables quand, sans avoir été organisée dans ses moyens d'application, la théorie vient se heurter aux mille susceptibilités de la souveraineté nationale, à l'organisation judiciaire et à la procédure de chaque peuple. Le véritable fondement du droit international pratique, ce sont les traités. Là, seulement, on peut prévoir, autant que possible, les questions de droit et de fait, et plier la loi aux nécessités des temps et des lieux.

Une autre considération nous frappe encore. La législation française est un monument que l'Europe nous envie et sur laquelle elle a pris plus d'une fois modèle. N'y aurait-il pas danger à écrire dans nos lois un principe dont

on peut se faire une arme contre nos nationaux dans certaines circonstances? Sans doute, il est séduisant pour un
esprit logique de faire entrer dans la loi positive toutes
les conséquences qui se déduisent du principe, et, sous ce
rapport, nous sommes d'accord avec ceux qui regardent
comme légitime le droit de punir appliqué à l'étranger
pour un crime commis à l'étranger contre un national.
Mais le droit pénal international demande plus que tous
les autres des ménagements et de la prudence. En général, lorsqu'on parle de punir, on pense toujours n'avoir affaire qu'à un coupable; on oublie que ce prétendu coupable peut être un innocent, et que la loi doit toujours
sauvegarder l'accusé contre la passion ou la haine.

Nous citions tout à l'heure notre admirable organisation
judiciaire qui donne à tous, à l'étranger comme au Français, les plus sérieuses garanties. Mais la civilisation n'a
pas encore fait assez complètement son œuvre en Europe
pour qu'il en soit ainsi partout : dans plus d'un Etat, l'organisation judiciaire pénale n'est point arrivée à ce point
de perfectionnement où elle puisse complètement nous
rassurer, si, un jour, des haines nationales, des rivalités
de pays à pays, venaient, au milieu des complications de
la politique, puiser dans nos Codes mêmes le prétexte
d'une réciprocité dont nous n'aurions qu'à souffrir.

Enfin, ce qui doit déterminer à rejeter l'extension de la
loi pénale à l'étranger, c'est que cette modification n'est
pas destinée à racheter par ses avantages les graves inconvénients qui ont été signalés. En effet, le résultat du
système qui entend punir les crimes commis à l'étranger
par un étranger se borne, en réalité, à une seule hypo-

thèse, laquelle est presque inadmissible, tant elle est peu
probable.

Cette hypothèse se réduit à ceci : l'étranger qui a commis un crime, à l'étranger, contre un Français, vient, par
un acte de sa libre volonté (51), se réfugier en France,
d'où, même dans l'état actuel de nos lois, il peut être immédiatement expulsé. Cependant, cette hypothèse, quelque
invraisemblable qu'elle soit, se réalise. L'étranger est sur
le sol français. La loi française peut le juger. Mais pour
arriver au jugement, il faut une procédure, il faut enten-
dre des témoins, colliger des preuves, en un mot, réunir
les éléments de conviction, lesquels sont tous à l'étranger. Tout cela ne peut se faire que par des commissions
rogatoires, des correspondances officieuses, dont le succès est subordonné à des rapports de pure complaisance
et de bon voisinage avec l'Etat étranger. Si ces rapports
existent, le plus simple est de dénoncer le fait à cet Etat
qui ne se refusera pas à punir. Si, au contraire, il y a
mauvaise intelligence entre les deux pays, sans doute, en
ce cas, il peut se faire que le gouvernement étranger n'accorde pas la satisfaction demandée, mais la disposition de
la loi française qui permettrait de punir l'étranger n'aurait pas plus de succès, parce que, en présence de cette
mauvaise volonté, la réunion des éléments de preuve de-

---

(51) On dit : *par un acte de sa libre volonté*, car les criminalistes qui acceptent l'extension de la loi pénale à l'étranger
arrêté sur le territoire ne l'admettent qu'à la condition que
cet étranger sera venu *librement* sur le sol; et cette condition
soit dit en passant, peut créer encore de nouveaux embarras

vient illusoire, et on aboutit à une procédure impossible, c'est-à-dire à la pire des combinaisons, à l'impunité par l'impuissance d'une loi écrite dans nos Codes.

Ainsi, la question se réduit à savoir si, pour atteindre un résultat problématique, il y a lieu d'introduire dans la loi une disposition qui serait ou à peu près inapplicable, ou qui, si elle s'applique, peut soulever des difficultés internationales.

Ces considérations nous porteraient à donner la préférence à un troisième système qui laisserait à des conventions diplomatiques le soin de spécifier les crimes et les délits commis à l'étranger, par un étranger contre les particuliers français, qui pourraient donner lieu à la répression, et de régler la forme et la mesure de cette répression. Dans ce système, qui formerait comme le complément des conventions d'extradition, ces traités spéciaux deviendraient alors une sorte de Code pénal international qui embrasserait dans un cadre complet tous les délits punissables, au moins en ce qui concerne les particuliers. Quant aux crimes attentatoires à la sûreté de l'Etat et aux crimes de fausse monnaie dont parle l'art. 5 du Code d'instruction criminelle, l'intérêt de la défense sociale apparaît d'une manière si directe, que la punition de ces faits ne saurait être abandonnée à des conventions diplomatiques dont la conclusion est toujours éventuelle.

V.

Au surplus, si la législation française veut écrire dans ses Codes, comme une règle, le droit de poursuite contre

un étranger pour crime commis contre un Français à l'é-
tranger, elle se trouvera en conformité de dispositions
avec un certain nombre de législations de l'Europe.

Ainsi les lois de Bavière (52), d'Oldenbourg, de Saxe-
Royale et des duchés de Saxe-Weimar et de Saxe-Altenbourg (53), de Wurtemberg, de Hanovre (54), de Brunswick, de Bade, de Russie (55), de Norvége (56), admettent

---

(52) Le Code de Bavière distingue si l'étranger a commis le
crime contre un Bavarois ou contre un étranger. Au premier
cas, il le poursuit ; au deuxième, il stipule que l'extradition
sera offerte au pays d'origine. Si ce pays la refuse, l'étranger doit être expulsé. Le Code bavarois est très-sévère pour
les étrangers qui rentrent en Bavière après en avoir été expulsés. On les soumet d'abord à l'exposition publique, puis
on les enferme dans une maison de correction pendant un
espace de temps qui varie de 1 à 4 ans. Expulsés de nouveau
à l'expiration de leur peine, la récidive les expose à des peines graves. V. Code pénal de Bavière, art. 4 et 31 (procédure).
Le Code russe contient des dispositions analogues.

(53) Les Codes de Saxe comprennent les crimes et les délits
commis par l'étranger. Il en est de même du Wurtemberg.

(54) Le Code de Hanovre (art. 3) contient, en ce qui concerne
les étrangers, une disposition qui mérite d'être citée : l'article
3 du Code pénal hanovrien, après avoir dit que les étrangers
seront poursuivis à raison de tous les crimes ou délits commis à l'étranger contre des Hanovriens, ajoute qu'ils pourront l'être même après leur acquittement à l'étranger, s'il y a
des motifs de reprendre l'instruction dirigée contre eux. Cependant le Code hanovrien admet l'abaissement de la peine
proportionnellement à la loi du pays où le crime a été commis.

(55) Code pénal de Russie de 1845, art. 175 à 178. Il y a
une exception pour les Chinois qui sont remis à leur Gouvernement, qui use d'ailleurs de réciprocité.

(56) En Suède, il en est autrement.

d'une manière générale que l'étranger, coupable d'un crime commis à l'étranger contre un national, peut être poursuivi et puni, lorsqu'il est arrêté dans le pays.

La loi sarde et la loi autrichienne sont remarquables en ce sens qu'elles cherchent à assurer la répression en combinant le droit de poursuite et l'extradition.

La loi sarde d'abord va peut-être plus loin que toutes les autres législations en décidant que la poursuite pourra avoir lieu même pour crime commis à *l'étranger* par *un étranger* contre *un étranger*, 1° lorsque le crime de vol avec violence a été commis à un demi-myriamètre de la frontière, 2° lorsque le vol ayant été commis à une plus grande distance, le coupable a introduit sur le territoire sarde les sommes ou objets volés. S'il arrive que le crime commis par l'étranger ne rentre pas dans l'une ou l'autre de ces deux catégories, le Code sarde offre l'extradition au gouvernement du pays où le crime a été commis. En cas de refus, il juge l'accusé en tenant compte de la pénalité prononcée par la loi étrangère.

La loi autrichienne, comme la loi sarde, subordonne la poursuite au refus de l'extradition préalablement offerte. Mais elle en diffère en ce que la loi sarde, qu'il s'agisse d'un national ou d'un étranger, reconnu coupable d'un crime commis à l'étranger, proportionne toujours la peine à celle de la loi du pays où le crime a été commis, tandis que la loi autrichienne n'en tient compte qu'à l'étranger.

La loi des Pays-Bas n'autorise la poursuite que pour certains crimes graves qui sont : l'assassinat, l'incendie, le vol accompagné de circonstances aggravantes, le faux en écriture de commerce.

Suivant la loi des Etats pontificaux (57), l'étranger n'est soumis aux lois pénales du pays que lorsqu'il y a demeuré deux mois sans interruption ou trois mois avec interruption. Si, avant ce temps, il commet un acte qui n'est pas considéré comme délit dans son pays, il est remis au magistrat de police. Si cet acte est qualifié délit dans son pays, il est passible de la peine la moins forte des deux législations.

La Prusse, la Hesse grand-ducale, le Portugal, la Belgique ont une législation analogue à celle de notre Code d'instruction criminelle, c'est-à-dire que ces Etats ne punissent que certains faits dirigés contre la sûreté du royaume et les crimes de fausse monnaie.

Il va sans dire que tous les Etats qui admettent le droit de poursuite pour crimes commis contre les particuliers, l'autorisent à plus forte raison quand il s'agit d'un crime dirigé contre la sûreté de l'Etat lui-même.

Nous ne dirons qu'un mot au sujet de l'usage généralement reconnu qui, en matière criminelle comme en matière civile, admet au bénéfice de l'exterritorialité, c'est-à-dire affranchit de la juridiction du pays, les souverains étrangers, les ministres étrangers, leur famille et leur suite. Quel que soit le système qu'on adopte vis-à-vis de l'étranger, il est clair que ces personnes ne pourraient y être comprises. Ces priviléges appartiennent au droit des gens.

---

(57) Règlement sur les délits et les peines, du 20 septembre 1832, art. 3, 4, et 5.

En résumé : il nous paraît que, en principe, l'extension de la loi pénale aux délits commis à l'étranger par des Français ou des étrangers peut être admise ; que, dans l'application, les conséquences de ce principe devraient être entières en ce qui touche le Français, mais qu'il n'y aurait qu'un avantage contestable en échange de graves inconvénients, à les étendre à l'étranger, et que, à ce titre, on devrait les restreindre aux crimes attentatoires à la sûreté de l'Etat. En laissant à des conventions diplomatiques le soin de déterminer les crimes et les délits commis contre les particuliers, tous les scrupules disparaîtraient et la répression n'y perdrait rien.

APPENDICE

I.

Code d'instruction criminelle

Art. 5. — Tout Français qui se sera rendu coupable, hors du territoire de France, d'un crime attentatoire à la sûreté de l'État, de contrefaçon du sceau de l'Etat, de monnaies nationales ayant cours, de papiers nationaux, de billets de banque autorisés par la loi, pourra être poursuivi, jugé et puni en France, d'après les dispositions des lois françaises.

Art. 6. — Cette disposition pourra être étendue aux étrangers qui, auteurs ou complices des mêmes crimes, seraient arrêtés en France, ou dont le Gouvernement obtiendrait l'extradition.

Art. 7. — Tout Français qui se sera rendu coupable, hors du territoire du royaume, d'un crime contre un Français, pourra à son retour en France, y être poursuivi et jugé, s'il n'a pas été poursuivi et jugé en pays étranger, et si le Français offensé rend plainte contre lui.

II.

Projet de loi présenté en 1842 à la Chambre des Députés.

Projet du Gouvernement.	Projet de la Commission.	Projet adopté [1].
Tout Français qui se sera rendu coupable, hors du territoire, *d'un fait qualifié crime par la loi française,* pourra, à son retour en France, y être poursuivi et jugé s'il n'a pas été déjà jugé contradictoirement en pays étranger.	Tout Français qui se sera rendu coupable, hors du territoire du royaume, d'un fait qualifié crime ou délit par la loi française, pourra, à son retour en France, y être poursuivi et jugé à la requête du ministère public, s'il n'est pas intervenu contre lui en pays étranger une sentence suivie d'exécution.	Tout Français qui se sera rendu coupable, soit contre un Français, soit contre un étranger, d'un fait qualifié crime ou délit par la loi française, pourra, à son retour en France, y être poursuivi et jugé à la requête du ministère public, s'il n'a pas été jugé définitivement en pays étranger. En cas de délit, il ne pourra être dirigé de poursuites que sur la plainte de la partie lésée, ou sur l'avis officiel des autorités du lieu où le délit aura été commis.

---

(1) Ce projet, qui se liait à d'autres réformes projetées au Code d'instruction criminelle, n'a pas été porté à la chambre des Pairs

III.

Projet de loi présenté en 1843 à la Chambre des Pairs.

Projet du Gouvernement.	Projet de la Commission.	Projet adopté [1].
Tout Français qui se sera rendu coupable hors du territoire du royaume, soit contre un Français, soit contre un étranger, d'un fait qualifié crime ou délit par la loi française, pourra, à son retour en France, y être poursuivi et jugé à la requête du ministère public, s'il n'a pas été jugé définitivement en pays étranger.	1er alinéa, comme ci-contre, moins les mots : *soit contre un Français, soit contre un étranger*.	La rédaction du Gouvernement, moins les mots : *soit contre un Français, soit contre un étranger*, et avec cette adjonction : Dans le cas où la peine capitale serait prononcée par la loi française pour le crime commis à l'étranger contre un étranger, la peine la plus grave après cette peine sera appliquée, si la peine capitale n'est pas prononcée par la loi du pays où le crime a été commis.
A l'égard des délits commis hors du royaume par un Français contre un étranger, il ne pourra être dirigé de poursuites par le ministère public que dans les cas qui auront été déterminés entre la France et les puissances étrangères, par des conventions diplomatiques.	Toutefois, à l'égard des *crimes* et des *délits, etc.*	

(1) Ce projet, qui se liait à d'autres réformes projetées au Code d'instruction criminelle, n'a pas été porté à la chambre des Députés.

IV.

Proposition de M. Roger (du Loiret), présentée en 1845 à la Chambre des Députés [2].

Tout Français qui se sera rendu coupable, hors du territoire du royaume, soit contre un Français, soit contre un étranger, d'un fait qualifié crime ou délit par la loi française, pourra, à son retour en France, y être poursuivi et jugé à la requête du ministère public, s'il n'a pas été jugé définitivement en pays étranger.

A l'égard des délits commis hors du royaume par un Français contre un étranger, il ne pourra être dirigé de poursuites par le ministère public que dans les cas qui auront été déterminés entre la France et les puissances étrangères par des conventions diplomatiques.

(2) Cette proposition a eu les honneurs de la prise en considération (*Séance du 15 février 1845*).

V.

Projet de loi de 1852 [1].

<table>
<tr><td>

Rédaction primitive.

—

ARTICLE UNIQUE.

:s articles 5, 6 et 7 du Code d'instruction criminelle sont abrogés et seront
remplacés ainsi qu'il suit :

Art. 5.

Tout Français qui, hors du territoire
de la France, s'est rendu coupable d'un
crime ou d'un délit puni par la loi française, peut être poursuivi et jugé en
France, mais seulement à la requête du
ministère public.

Si le crime ou le délit a été commis
contre un particulier français ou étranger,
la poursuite et le jugement ne pourront
avoir lieu avant le retour de l'inculpé en
en France.

La condamnation par défaut prononcée
par un tribunal de police correctionnelle
est comme non avenue si, dans les délais fixés par l'article 73 du Code de procédure civile, à compter du jour de la
notification du jugement faite conformément au paragraphe 9 de l'article 69 du
même Code, le prévenu a formé opposition.

Art. 6.

Tout étranger qui, hors du territoire de
la France, s'est rendu coupable d'un
crime, soit contre la chose publique, soit
contre un Français, peut, s'il vient en

</td><td>

Projet adopté par le Corps législatif [2].

—

ARTICLE UNIQUE.

Comme ci-contre.

Art. 5.

Comme ci-contre.

Art. 6.

Comme ci-contre.

</td></tr>
</table>

---

(1) Les projets de lois de 1842 et de 1843, et la proposition de M. Roger, rapportés ci-dessus,
ne modifiaient que l'article 7 du Code d'instruction criminelle : les articles 5 et 6 subsistaient tels
quels. Le projet de 1852, ainsi qu'on peut le voir, abrogeait les trois articles et leur substituait
des dispositions nouvelles.

France, y être arrêté et jugé conformément aux lois françaises.

A l'égard des délits, la poursuite n'aura lieu que dans les cas et sous les conditions déterminées entre la France et les puissances étrangères par des conventions diplomatiques.

Toutes poursuites cessent contre l'étranger dont l'extradition a été demandée et obtenue.

Art. 7.

La compétence de la cour ou du tribunal est déterminée par l'article 24 du présent Code.

Néanmoins, la Cour de cassation peut, sur la demande du ministère public ou des parties, renvoyer la connaissance de l'affaire devant une cour ou un tribunal plus voisins du crime ou du délit.

Lorsqu'il s'agit d'un délit, ou lorsque le crime a été commis contre un particulier français ou étranger, aucune poursuite n'est exercée contre l'inculpé, 1° s'il prouve qu'il a été poursuivi et jugé hors de France pour les mêmes faits; 2° s'il établit que le fait ne constitue ni crime ni délit dans le pays où il a eu lieu.

Art. 7.

1er alinéa, comme ci contre.

2e alinéa, comme ci-contre.

Lorsqu'il s'agit d'un délit, ou lorsque le crime a été commis contre un particulier français ou étranger, aucune poursuite n'est exercée contre l'inculpé, *français ou étranger, s'il prouve qu'il a été jugé définitivement hors de France pour les mêmes faits, et contre l'inculpé étranger, s'il établit que le fait ne constitue ni crime ni délit dans le pays où il a eu lieu.*

Il a été question, dans ce travail, des Traités d'extradition et des Traités relatifs à la propriété littéraire et artistique, conclus par la France avec les puissances étrangères. On trouvera ci-après une nomenclature complète de ces actes diplomatiques jusqu'au 1er octobre 1855.

I.

Traités d'extradition.

PUISSANCES CONTRACTANTES	DATE de la SIGNATURE du Traité.	DATE de la Ratification(1).	DATE DU DÉCRET de promulgation.
1 Suisse..	18 juill. 1828	17 oct. 1828	31 déc. 1828
2 Belgique	22 nov. 1834	1 déc. 1834	19 déc. 1834
3 Sardaigne	23 mai 1838	30 août 1838	16 déc. 1838
4 Angleterre	13 févr. 1843	17 fév. 1843	18 mars 1843
5 États-Unis..	9 nov. 1843	22 janv. 1844	12 juin 1844
Article additionnel	24 févr. 1845	17 juin 1845	11 août 1845
6 Lucques (2)	10 nov. 1843	30 nov. 1843	25 janv. 1844
7 Bade	27 juin 1844	9 juill. 1844	24 août 1844
Article additionnel	17 nov. 1854	5 déc. 1854	5 déc. 1854
8 Toscane	11 sept. 1844	18 oct. 1844	28 nov. 1844
9 Grand duché de Luxembourg	26 sept. 1844	19 oct. 1844	6 déc. 1844
10 Pays-Bas	7 nov. 1844	21 nov. 1844	29 janv. 1845
11 Deux-Siciles	14 juin 1845	2 juill. 1845	11 août 1845
12 Prusse..	21 juin 1845	27 juin 1845	30 août 1845
Article additionnel	20 août 1845	20 août 1845	

(1) Cette date ne doit pas être confondue avec celle de l'*échange* des ratifications.

(2) Le Duché de Lucques a été réuni au Grand-Duché de Toscane par la Convention du 4 octobre 1847.

PUISSANCES CONTRACTANTES.	DATE de la SIGNATURE du Traité.	DATE de la Ratification.	DATE DU DÉCRET de promulgation.
13 Bavière....	23 mars 1846	17 avril 1846	28 mai 1846
Article additionnel...................	20 juin 1854	4 août 1854	4 août 1854
14 Mecklenbourg-Schwérin..............:	26 janv. 1847	12 fév. 1847	3 avril 1847
15 Mecklenbourg-Strélitz................	10 févr. 1847	20 fév. 1847	20 avril 1847
16 Oldenbourg........................	6 mars 1847	3 avril 1847	6 mai 1847
17 Brême..................... ...	10 juill. 1847	2 août 1847	30 sept. 1847
18 Hambourg.........................	5 févr. 1848	23 juill. 1851	3 sept. 1851
19 Saxe-Royale	28 avril 1850	30 nov. 1850	31 janv. 1851
20 Nouvelle Grenade....................	9 avril 1850	25 juill. 1851	10 août 1852
21 Nassau...................... ..	30 juin 1853	14 juill. 1853	18 août 1853
22 Espagne ..˙........................	26 août 1850	6 fév. 1851	11 mars 1851
23 Hesse Électorale....................	12 nov. 1852	20 nov. 1852	11 nov. 1854
24 Wurtemberg..........	25 janv. 1853	31 janv. 1853	10 mars 1853
25 Hesse Grand'Ducale............... ...	26 janv. 1853	22 fév. 1853	22 mars 1853
26 Francfort...........................	9 avril 1853	1 mai 1853	24 mai 1853
27 Landgraviat de Hesse......	18 avril 1853	3 mai 1853	30 juin 1853
28 Lippe................................	11 avril 1854	5 mai 1854	28 juin 1854
29 Waldeck et Pyrmont	10 juill. 1854	4 août 1854	24 nov. 1854
30 Portugal	13 juill. 1854	10 août 1854	10 nov. 1854
31 Hanovre.	13 mars 1855	22 mars 1855	19 juin 1855

II.

Traités relatifs à la propriété littéraire et artistique.

PUISSANCES CONTRACTANTES.	DATE de la SIGNATURE du Traité.	DATE de la Ratification.	DATE DU DÉCRET de promulgation.
1 Sardaigne	28 août 1843	13 sept. 1843	12 oct. 1843
	22 avril 1846	27 avril 1846	13 mai 1846
	5 nov. 1850	31 déc. 1850	10 févr. 1851
2 Portugal.............................	12 avril 1851	1 juill. 1851	27 août 1851
3 Hanovre.............................	20 oct. 1851	13 déc. 1851	16 janv. 1852
4 Grande-Bretagne.....................	3 nov. 1851	23 déc. 1851	22 janv. 1852
5 Brunswick...........................	8 août 1852	2 sept. 1852	19 oct. 1852
6 Belgique..............................	22 août 1852	18 mars 1854	
Article additionnel........	27 févr. 1854	id.	13 avril 1854
Déclaration..............	12 avril 1854	13 avril 1854	
7 Hesse Grand'Ducale..	18 sept. 1852	9 nov. 1852	23 nov. 1852
8 Hesse-Hombourg.....................	2 oct. 1852	19 oct. 1852	23 nov. 1852
9 Toscane (art. 20 du Traité de commerce et de navigation)....................	15 févr. 1853	1 mars 1853	15 mars 1853
10 Reuss (branche aînée)................	24 févr. 1853	9 mars 1853	29 avril 1853
11 Nassau..............................	2 mars 1853	15 mars 1853	27 avril 1853
12 Reuss (branche cadette)............	30 mars 1853	16 avril 1853	10 juin 1853
13 Hesse électorale	7 mai 1853	23 mai 1853	25 août 1853
14 Oldenbourg.........................	1 juill. 1853	19 juill. 1853	30 nov. 1853
15 Saxe-Weimar-Eisenach...............	17 mai 1853	4 juin 1853	27 juin 1853
16 Espagne............................	15 nov. 1853	20 déc. 1853	4 févr. 1854
17 Schwarzbourg-Rudolstadt.·...........	16 déc. 1853	2 janv. 1854	9 févr. 1854
18 Schwarzbourg-Sonderszhauzen........	7 déc. 1853	2 janv. 1854	24 févr. 1854
19 Waldeck et Pyrmont........	4 févr. 1854	21 mars 1854	27 avril 1854
20 Bade.	3 avril 1854	13 avril 1854	30 mai 1854
21 Pays-Bas.............................	29 mars 1855	28 avril 1855	10 août 1855

FIN.

Paris. — Imp. de A. Guvot, rue Ne des-Mathurins, 18.

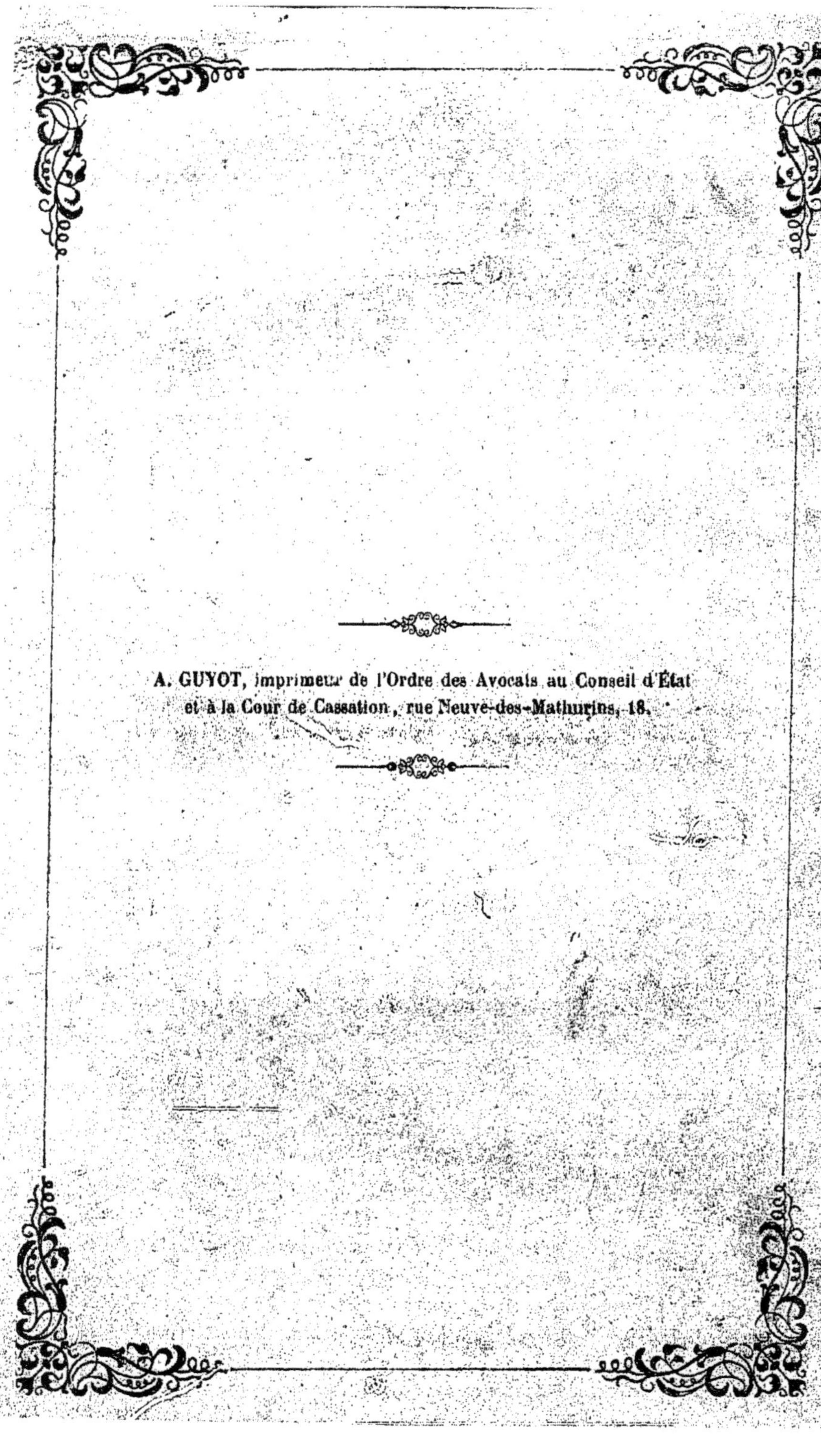

A. GUYOT, imprimeur de l'Ordre des Avocats au Conseil d'État
et à la Cour de Cassation, rue Neuve-des-Mathurins, 18.

Contraste insuffisant

NF Z 43-120-14